Alfons Schweiggert
Frauliche Weihnachten!

Alfons Schweiggert

Frauliche Weihnachten!

Weihnachten ist weiblich

Verlag Sankt Michaelsbund

Inhalt

Power-Frauen lieben Weihnachten mehr als Männer

Vorwort

„Viele Männer haben es tief in ihrem Inneren schon immer geahnt: Weihnachten ist eigentlich das Fest der Frauen“, so äußerte die Journalistin Pia Rolfs schon vor Jahren hellsichtig in der Frankfurter Neuen Presse. „Sicherlich, Jesus, das Kind in der Krippe, ist männlichen Geschlechts“, gesteht sie. „Aber allein dieses ganze Herumstehen um ein Baby scheint zumindest dem Klischee nach eher dem weiblichen Gemüt zu entsprechen. Außerdem lieben Frauen Weihnachten mehr als Männer.“ Sie mögen eigentlich alles an Weihnachten. Männer hingegen vorrangig kulinarische Genüsse, angefangen vom Glühwein auf dem Christkindlmarkt bis hin zum Festtagsbraten an Heiligabend und all den süßen Weihnachtsleckereien. Noch mehr als die Männer lieben Frauen den Weihnachts- oder Christkindlmarkt, ebenso Verwandtenbesuch in diesen Tagen, bei dem sich so schön familiäre Geborgenheit zelebrieren lässt.

Während die meisten Männer am liebsten auf die Weihnachtsfeier im Job verzichten würden und den weihnachtlichen Umtrunk unter Kollegen nicht leiden können, freuen sich immerhin 53 Prozent der befragten Frauen auf die alljährliche Firmenweihnachtsfeier. Frauen lieben auch alles rund ums Schenken. Dazu gehörten das Shopping und das Auswählen der Geschenke ebenso wie das Einpacken, Überreichen und Auspacken der Gaben zum Fest. Auch die Freude über ein Präsent ist bei Frauen ausgeprägter. Ein Heiligabend ohne Geschenke für Sie geht gar nicht.

Frauen stehen mehrheitlich auch auf Weihnachtslieder wie „Last Christmas“ und „Driving Home For Christmas“, die sie nicht nur gerne im Radio hören, sondern die sie sogar mitsummen, wenn sie in den Kaufhäusern erklingen. Ebenso lieben sie Filme im Fernsehen wie „Drei Haselnüsse für Aschenbrödel“ oder „Der kleine Lord“. Und natürlich gehört auch der „Sissi“-Dreiteiler für sie zur Weihnachtszeit unverzichtbar auf die Mattscheibe.

Aber nicht nur deshalb ist der Dezember ein absoluter Frauen-Monat. Schon den Startschuss in den Advent feuern nicht Männer, sondern taffe Frauen ab. Es sind neben heiligen Frauen auch wilde Weiber, ja sogar Hexen und Druden, die den Dezember beherrschen.

Neuerdings wackelt nun auch eine der letzten Männerdomänen. Waren für den Nikolaus schon immer Weihnachtsengel wichtig und kümmerte sich um den Weihnachtsmann seit jeher auch eine Weihnachtsfrau, so geben sich Frauen neuerdings nicht mehr nur als Weihnachtsengel mit weißem Kleid, Flügeln und Heiligenschein zufrieden. Immer öfter melden sie sich auch weltweit als coole Gabenbringerinnen zu Wort und so verwundert es nicht, dass am 6.12. statt des bärtigen alten Nikolaus mit Bauch die schicke Madame Nikolaus oder „Santa Nicola“ erscheint. Wenn sie auftritt, tut sie das nicht mit Rauschebart, rotem Mantel und Zipfelmütze, sondern ganz ohne Bart in einem hübschen roten Kleid. Noch zu vielen weiteren Entdeckungen lädt dieses Buch seine Leserinnen und Leser ein. Lassen Sie sich überraschen, wie weiblich die Weihnachtszeit ist!

Frauliche Weihnachten!

Start mit taffen Frauen in den Advent

Nicht Männer, es sind Frauen, die den Advent schon einige Tage vor Adventsbeginn mit einem Paukenschlag einläuten und das schon am 25. November. An diesem Tag lassen sie es nochmals so richtig krachen. Sie tanzen, was das Zeug hält, verbieten dann aber einen ganzen Monat lang den Tanz und wilde Feste.

Wenn draußen die Schatten wieder länger werden und die Strahlen der Sonne ihre Kraft verlieren, dann machen sich die unheimlichen Schwestern der Frauen bemerkbar, die Nebelfrauen und Windsbräute. Vor deren Umtrieben schützten sich die Frauen früher bei ihren Meetings in den Spinnstuben, wohin sie am Abend pilgerten, wenn die Sonne glutrot am Horizont versank und die Luft in märchenhaft schillernde Farben tauchte. In den Spinnstuben erzählten sie dann vielleicht, dass die Engelchen bei einem solch zauberhaften Abendrot Plätzchen backen. Aber auch andere wunderliche Geschichten wurden dort ausgetauscht.

Kathrein gibt den Startschuss

Am 25. November feiert man ihn in vielen Gegenden bis heute den „Kathreintag", der nach einer starken Frau benannt ist, die zu den sogenannten „Virgines capitales", also den großen heiligen Jungfrauen, gehört.

Angeblich war sie die schöne Tochter des heidnischen Königs Costus und dessen Frau Sabinella aus Zypern und lebte um 300 n. Chr. im ägyptischen Alexandrien. Ein Eremit begeisterte sie so sehr für den Glauben an Christus, dass sie nur für Gott leben wollte. Doch damals verfolgte Kaiser Maxentius die Christen wegen ihres Glaubens. Er verlangte von ihnen, den Götzen Opfer zu bringen. Wer widersprach, wurde zum Tode verurteilt. Dagegen protestierte Katharina. Unverfroren sagte sie dem Kaiser, es wäre gescheiter, wenn er zum Christentum übertrete, statt von den Christen Götzenopfer zu verlangen. Christus sei der wahre Gott und nicht die Götzen. Der Kaiser fragte daraufhin seine besten fünfzig Philosophen und Gelehrten, ob das wahr sei. Bei einer Diskussion mit diesen Männern argumentierte Katharina so geschickt für das Christentum, dass sich alle fünfzig Gelehrten auch zum Christentum bekehrten. Der Kaiser tobte und schickte sie sofort alle auf den Scheiterhaufen, weil sie nun selber an Christus glaubten, anstatt Katharina vom christlichen Glauben abzubringen. Katharina aber ließ er in den Kerker werfen. Dort wurde sie von Kaiserin Faustina besucht, die von Katharinas Intelligenz und Schlagfertigkeit beeindruckt war. Doch statt Katharina zum Heidentum zu bekehren, wurde auch sie von ihr zum Christentum bekehrt, worauf der erboste Kaiser auch Faustina hinrichten ließ. Katharina aber ließ er zwölf Tage lang auspeitschen und in dem finsteren Verlies hungern. Doch der Gefolterten erschienen Engel, die ihre Wunden salbten und ihr Nahrung brachten. Auch Christus selbst kam, um ihr Mut zuzusprechen. Katharina sollte nun durch ein mit Nägeln und

Sägen besetztes Eisenrad getötet werden, aber ein Engel zerstörte das Folterinstrument mit solcher Wucht, dass zugleich 4000 Heiden getötet wurden. Schließlich wurde Katharina enthauptet. Aus ihren Wunden aber floss Milch statt Blut. Engel brachten die sterblichen Überreste zum Berg Sinai, wo 500 Jahre später ihre Reliquien gefunden wurden. Ihr zu Ehren wurde an der Fundstelle das Katharinenkloster errichtet. Wie es heißt, floss aus dem Sarkophag ständig ein heilkräftiges Öl.

Ab dem 13. Jahrhundert war Katharina nach Maria die meistverehrte Heilige. Außerdem wird sie als eine der 14 Nothelfer bis heute in schwierigen Situationen um Hilfe angerufen. Sie ist Schutzpatronin der Schulen, der philosophischen Fakultäten, aber auch der Näherinnen. Die Schneiderinnen in Pariser Modehäusern heißen bis heute nach ihr „Catherinettes".

Da die heilige Katharina auf dem Rad gefoltert werden sollte, darf sich nach altem Volksglauben am Kathreintag kein Rad bewegen. Auch wenn es sich nach heutigem Forschungsstand bei Katharina womöglich um die Philosophin Hypatia aus Alexandria handelte, Katharina läutet am 25. November noch immer die Adventszeit ein.

Wer glaubt, den Brauch des Kathreintanzes und die anschließende tanzfreie Zeit gäbe es nicht mehr, der irrt. In der Volkstanz-Szene wird beides weitergepflegt. Am Abend des 25. Novembers oder am letzten Samstag vor dem 1. Advent findet in vielen Gegenden als letztes Tanzfest im Jahr bis heute der Kathreintanz statt, ein Höhepunkt im Bauernjahr. Danach darf zur Vorbereitung auf das Weihnachtsfest nicht mehr getanzt werden. „Kathrein stellt den Tanz ein" heißt es, oder „Kathrein schließt Bass und Geigen ein". Tanzen ist erst einen Monat später, am Stefanitag, dem 26. Dezember, wieder erlaubt. Es sind viele rührige Frauen und Männer in Heimat- oder Trachtenvereinen, die das Tanzfest organisieren. Zu den bekanntesten Kathreintänzen gehört der „Münchner Kathreintanz", der in den Festsälen des Hofbräuhauses stattfindet. Ebenso ist der Wiener Kathreintanz – einst im Wiener Konzerthaus und seit 2011 im Palais Ferstel – mit bis zu 1000 Teilnehmern ein weithin bekanntes Ereignis.

Heimtückische Nebelfrauen

Wenn sich Anfang November besonders dichte Nebel auf Wiesen und Felder legen und sich in Flussniederungen und sumpfigen Gegenden breitmachen, steigt als flüchtiges Wesen aus kalten Gewässern, feuchten Niederungen und Moorböden die Nebelfrau herauf. Gesicht und Hände dieser Gestalt sind unsichtbar, denn sie ist von Kopf bis Fuß in mehschichtige Nebelschleier eingehüllt. Lautlos nähert sie sich bei einbrechender Dunkelheit nach dem Gebetsläuten so manchem Wanderer und beginnt ihre Nebelschwaden um ihn zu schlingen, bis er die eigenen Hände nicht mehr vor den Augen sieht. Nun gelingt es ihr mühelos, das Opfer in die Irre zu führen. Verläuft es sich nur und erreicht deshalb lediglich das angestrebte Ziel nicht, hat es noch Glück gehabt. Kommt es aber vom Weg ab und gerät in einen Sumpf oder stürzt vom Rande einer Schlucht in die Tiefe, bedeutet das meist den sicheren Tod.

Nebelfrauen sehen ihr Tun nur als ein harmloses Spiel an, bei dem sie es genießen, wenn ihre grauweißen Schleier federleicht in die Höhe treiben, dabei immer länger werden und sich schwerelos um die erdgebundenen Leiber ihrer Opfer schlingen. Mögen diese auch immer wieder mit ihren Händen die tödlichen Gespinste zu zerreißen versuchen, die Nebelfrau lässt mit ihren Verhüllungskünsten nicht nach und scheint durch jede Gegenwehr nur umso mehr zu ihrem unheimlichen Tun angespornt zu werden. Auch davonzurennen ist vergeblich. Sie haucht den Verängstigten dichte Nebelgespinste vor die Augen und weidet sich an der Not der

Menschen, die über Wurzeln und Steine stolpern, gegen Baumstämme anrennen und in einen Moorgraben stürzen, wobei sie sich oft die Glieder brechen. Sie durchnässt die Kleider, bis die Genarrten jämmerlich zu frieren beginnen. Bleibt man jedoch eine Zeit lang unbeirrt stehen und lässt sich von dem Treiben der Nebelfrau nicht verrückt machen, dann lässt sie bald gelangweilt von einem ab.

Von Glück kann der sagen, der das abendliche oder morgendliche Gebetsläuten einer nahen Kirche vernimmt, denn diese heiligen Klänge zerreißen die Schleier der Nebelfrauen und geben dem Wanderer wieder den Blick frei, so dass er sich auf den rechten Weg begeben kann. Nebelfrauen treiben ihre grausamen Spiele von Anfang November bis Ende des Jahres, dann ziehen sie sich bis zu den Nebelmonaten des nächsten Jahres zurück.

„Mit besonderer Vorliebe“, heißt es in einer alten Sage, „machte sich das Gespenst an Kinder heran, wenn dieselben zur Nachtzeit mit ihrer Mutter diesen Weg gingen. Deshalb mussten die Kinder hier immer getragen werden, dann konnte ihnen die Unholdin nichts anhaben. Andernfalls lockte sie die Kinder von der Mutter fort, und wenn diese aus dem Bereich der Nebelschleier herauskam, musste sie zu ihrem Schrecken feststellen, dass das Kind spurlos verschwunden war.“

Stürmische Windsbräute

Schon Ende November, vor allem aber zur Weihnachtszeit, brausen oft heftige Stürme durch die Lande, die besonders unheimlich sind, wenn sie des Nachts losbrechen. Das Heulen, Winseln und Pfeifen, das Rütteln an den Fensterläden, das Klappern von Fensterblechen und losen Dachrinnen bewegt ängstliche Naturen, sich tiefer in ihre Betten zu vergraben, befürchten sie doch, dass hier wütende Luftdämonen am Werk sein müssen. Mancher wirft, wie der Volkskundler Karl von Leoprechting versichert, „deshalb auch alte Hadern, Werch etc. zum Fenster hinaus, um den Sturm zu beschwichtigen, und heißt man dies den Wind füttern, weil er vom Zauber kommt." Auch Mehl, das man aus dem Fenster streut, oder Speisen, die man auf das Hausdach stellt, beruhigen die Winde.

Bereits in alter Zeit hießen die einem Gewitter oder Sturm vorauseilenden Wirbelwinde „Windsbräute". Man nahm an, dass es sich dabei um stürmische, weibliche Luftgeister handelte, die wie von einem wilden Jäger bei seiner gnadenlosen Hetzjagd vor sich hergetrieben würden.

Was passiert aber, wenn man nachts noch unterwegs sein muss? In diesem Fall kann es geschehen, dass man den Windsbräuten und Sturmdämonen höchst persönlich begegnet. Plötzlich faucht ein Windstoß über einen hinweg, bläst einem eisig in die Ohren, reißt den Hut vom Kopf oder zerrauft die Haare. Und schon meint man zu erkennen, wie der Wind die Windin zu den Wolken hinaufjagt, wo die beiden unversehens kehrtmachen, um sich im Sturzflug von hinten erneut auf ihr Opfer zu stürzen.

Hat man zufällig ein geweihtes Drudenmesser bei sich, kann man es in den Wirbelwind hineinwerfen. Wenn das Messer herunterfällt und blutig ist, ist die Windsbraut verletzt. Sehr selten stürzt aus den Wolken auch eine nackte junge Frau zu Boden. Das ist die Windin, die vor Schreck menschliche Gestalt angenommen hat. Mancher aber wird beim Hochwerfen zur Strafe augenblicklich von den Sturmdämonen entführt und weit entfernt recht unsanft zu Boden geworfen. Das Drudenmesser ist übrigens ein geschmiedetes Messer, auf dessen Klinge neun Kreuze eingraviert sind, die auf neun Halbmonden stehen. Wer kein solches Messer zur Hand hat, kann die Gewalt des Winddämons ebenso wirksam mit dem Ruf „Saudreck!" brechen. Auch das Zeigen des nackten Hinterteils, so geht die Rede, vermag Stürme zu verscheuchen.

In Bayern glaubt man übrigens, dass sich jemand erhängt hat, wenn ein Sturm losbricht. „Darum", so Karl von Leoprechting, „fliegen auch die Raubvögel heraus in die Lüfte und ächzen und schreien aus Freude, indem sie den Fraß schon wittern. Geht recht plötzlich ein Sturmwind an, kann man oft hören: welcher Lump mag sich jetzt wieder erhängt haben. Sogar Kinder, welche Hängens spielen, werden durch ein Sausen erschreckt, das plötzlich durch die Wipfel der Bäume zieht."

Besonders gefürchtet waren Stürme, die in der Heiligen Nacht in gebirgigen Gegenden losbrachen. Der Volkskundler Ludwig von Hörmann schildert um 1900 die von den Bergbauern empfundene Bedrohung, „wenn Schneewinde eintreten oder nach frisch gefallenem Schnee warmer Föhnsturm sich plötzlich erhebt und dämonisch an den Kirchenfenstern rüttelt. Ein solcher Heimweg ist dann besonders zu den einsamen Berghöfen, wo die Lehnen aus felsigem Grund bestehen, lebensgefährlich. Der geringste Laut – und sausend fährt die 'Windlahn' ab. Deshalb geht zu solcher Zeit an gefährlichen Stellen stets einer voraus und schießt seine Pistole ab, um die Lawine, falls sie sprungbereit, noch vor Begehung der gefährdeten Stelle zum Abgehen zu reizen." In diesem Fall wollen also gleichsam Wind- und Schneegeister gemeinsam den Menschen ins Verderben stürzen.

Windsbräute und Sturmdämonen unterstehen dem obersten Gott Wotan, dem Gott der Winde und Gehängten, in dessen Gefolge sie deshalb auch in den Raunächten bei der wilden Jagd mit toben müssen. Rütteln oder, wie es auch heißt, „rammeln" diese Geister die Bäume, ist im kommenden Jahr eine reiche Obsternte zu erwarten.

Dämonische Schneeweiber

Wenn es schneit, hat der Sage nach eine andere Frau ihre Hände im Spiel. Frau Holle schüttelt dann die Betten aus. Das weiß bereits jedes Kind aus dem Märchen der Brüder Grimm. Hinter der Frau Holle, auch Holda, Hulda oder Hullefrau genannt, steckt keine geringere Gestalt als die wilde Frau Percht. Holla ist deren schöne Seite. In dieser Funktion belohnt sie die Fleißigen, als Percht bestraft sie die Faulen. Aber sie tritt auch als Schneedämon auf. Gelegentlich überrascht sie nämlich schlechte Menschen, die nachts unterwegs sind, mit einem entsetzlichen Schneesturm. Retten sich ihre Opfer nicht schnellstens unter ein schützendes Dach, werden sie von dem wüsten Schneetreiben solange durch die Gegend gepeitscht, bis sie erschöpft zu Boden stürzen. Schon mehr als einer soll auf diese Weise in einem Schneesturm umgekommen sein, worauf ihn Holla mit ihrem eisigen weißen Leichentuch zudeckte.

Es geht die Rede, dass sich Holla als Wolkengöttin auch in eine Nebelfrau verwandeln kann, und schließlich ist sie auch noch ein angesehenes und außerordentlich aktives Mitglied der wilden Jagd, mit der sie in den Raunächten zwischen Weihnachten und Dreikönig durch die Lüfte braust.

Ebenso furchterregend wie Frau Holle ist die japanische „Yuki-onna", was so viel wie „Schneefrau" bedeutet. Yuki-onna erscheint als zierliche, hochgewachsene Frau mit knielangen, schneeweißen Haaren und in einen schneeweißen, eleganten Kimono gehüllt. Ihre Haut ist blass weiß. Andere meinen, sie sei ganz nackt und man könne nur ihre Haare, Augen und den Mund gegen den Schnee sehen. Einst war die Schneefrau eine Mondprinzessin, die sich entsetzlich langweilte und deshalb neugierig war, wie es auf der Erde zuging. Eines Winters ließ sie sich von den Schneeflocken deshalb zur Erde hinabtragen. Da sie vergessen hatte, wie eine Rückkehr zum Mond möglich ist, kam sie von der Erde nicht mehr fort.

Die Schneefrau Yuki-onna hat ein zwiespältiges Wesen. Zum einen warnt sie vor aufziehenden Schneestürmen, lockt manchmal aber auch verirrte Bergwanderer ins Schneegestöber, wo die Opfer dann jämmerlich erfrieren oder von ihrem eiskalten Atem getötet werden. Kleine Kinder warnt sie, nachts allein draußen zu spielen, sonst käme die Schneefrau und würde sie entführen.

Nebelfrauen, Windsbräute und Schneeweiber zeigen, wie sehr weibliche Geister seit jeher die Winter- und Weihnachtszeit dominieren.

Frauen-Meetings in Spinnstuben

Frauen sind kommunikativ. Sie wollen in den düsteren Adventstagen nicht in Trübsinn versumpfen, sondern diese grauen Tage und Abende für sich aktiv nutzen.

Schon in den dunklen Nächten Ende November begann früher auf den Dörfern die Zeit des „Gunkln gehns" oder „Kunkelns". Fast jeden Abend brachen Frauen zur „Rockaroas" oder „Rockafahscht" auf. Wenn sich die Nebel immer dichter auf die Häuser zu legen begannen und das Dorf in bedrückender Lautlosigkeit versank, wurde die bäuerliche Stube zum Mittelpunkt der Geselligkeit, rückten möglichst viele Menschen ganz eng zusammen, um noch Leben zu spüren und aufkeimende Ängste zu ersticken.

Am frühen Abend holten die Mädchen ihre Spinnräder hervor mit allem, was dazugehörte, und trafen sich dann Abend für Abend rundum in jeweils einem anderen Haus. Ausgenommen waren die Samstage, die den „Armen Seelen" gehörten, da diese durch die Spinngeräusche in ihrer ewigen Ruhe gestört worden wären. Auch am Sonntag entfiel das Gunkln, denn dieser Tag war Herrgottstag. An diesen beiden Tagen durfte nicht einmal Flachs am Rocken zu finden sein, da sonst die schlampigen Spinnerinnen von der Drud, einer Hexe, mit heimtückischen Quälereien heimgesucht worden wären.

Der Name „Rockaroas" bedeutete, dass sich jedes Mädchen mit seinem Spinnrad, zu der als wesentlicher Bestandteil die Rockenstange gehörte, die den Flachszopf trug, gleichsam auf die „Roas", auf die Reise oder den Weg machte. Eben diese Rockenstange war mit einem Rosmarin geschmückten Glöckchen verziert, das aber auf dem Weg in die Gunklstube keinesfalls einen Ton von sich geben durfte, da sonst der gefürchtete „Hargeist" angelockt worden wäre und sich mit den Spinnerinnen in die Stube eingeschlichen hätte, um dort ihre Arbeit zu behindern oder gar zu zerstören. Der Hargeist war nämlich auf den Har, auf gesponnene Flachszöpfe versessen, die auch Harriel, Rasn, Reistln, Katzn oder Katzln genannt wurden. Er riss ihn von den Spindeln und brachte dabei den Flachs völlig durcheinander. Deshalb war dieser Unhold nicht erwünscht.

Einmal saß eine Bäuerin mit ihren beiden Mägden beim Flachshecheln. Da rief plötzlich eine krächzende Stimme dreimal hintereinander: „So, tuats hachln? Ha-ha-hachln?" Die Bäuerin und die Mägde warfen entsetzt ihre Flachsbüschel von sich und stürzten schreiend davon. Sie wussten, dass sich ihnen soeben die Hachlerin genaht hatte. Oder war es gar der Hargeist, der den „Har", also den gesponnenen Flachszopf boshaft von den Spindeln reißt und dabei den Flachs völlig durcheinander bringt. Derartige unheimliche Geschichten erzählte man sich in den Gunklstuben bei flackerndem Rauchspanlicht Abend für Abend. Alle saßen dabei auf den Bänken rund um die Gruppe der Spinnerinnen und während die Spinnräder schnurrten, wusste die Großmutter so manche noch neue gespenstische Schnurre zum Besten zu geben. Von der Drud beispielsweise, die einmal plötzlich im Sturmwind durch die Luft daher geritten kam, die Stubentür aufstieß und unsichtbar in die Gunklstube eindrang, wo sie auf einen jeden der dort Versammelten aufhockte, dass den so Gedrückten die Luft wegblieb. Hätte nicht die alte Magd mit einem gellenden Schrei das Teufelszeug verjagt, wären womöglich alle hilflos erstickt.

Während solcher und ähnlicher Spukgeschichten heulte bisweilen der Sturm ums Haus, rüttelte die Läden und Regentropfen klopften wie dürre Geisterfinger an die Fenster, sodass sich die Kinder ängstlich an die Eltern schmiegten. Die Alten verstummten plötzlich, so, als würden sie erspüren, dass der Hargeist schon mitten unter ihnen war. Um sich wieder Mut zu machen, sangen dann die Mädchen gerne Lieder oder tanzten nach getaner Arbeit das Böse, das sich vielleicht unbemerkt eingeschlichen hatte, das aber Freude, Tanz und Gesang nicht ausstehen konnte, wieder aus dem Haus hinaus.

Acht Tage vor Weihnachten war für die Gunklstuben Sperrnacht, auch an Dreikönig durfte kein Gunkllied gesungen werden, da sonst die Drud den Spinnerinnen auf die Brust gesprungen wäre, um sie entsetzlich zu drucken.

Frühestens gegen neun, oft aber auch erst gegen elf Uhr nachts endete so ein Gunklabend. Auf dem Heimweg durch die weißgrauen Nebelschleier passten nicht selten freche Burschen die verängstigten Deandln ab, um ihnen mit Kuhglocken und Schellen heimzuläuten, wussten sie doch genau, dass die Ratschkathln in den Spinnstuben nicht nur Flachs gesponnen hatten, sondern sich oft auch in ihren Köpfen etwas zusammenspannen, über die Nachbarn zum Beispiel, und dass bei diesem „Leut' Ausrichten“ so manche oft nur halbwahre heimliche Neuigkeit blitzschnell die Runde machte. Vielleicht aber wollten sie mit dem Glocken- und Schellenlärm auch nur heimtückische Geister vertreiben, damit diese den Mädchen, von denen die Burschen die eine oder andere doch recht gerne sahen, nichts Böses anhaben konnten.

Heilige und wilde Frauen

Der Monat Dezember gilt auch als Frauenmonat, da in den 31 Tagen nicht nur zwölf heilige Frauen auftreten, sondern auch zahlreiche Furcht einflößende Weiber, darunter Hexen und teuflische Druden. Nach altem Volksglauben sind vor allem in den Nächten vom 21. Dezember bis 6. Januar die bösen Geister besonders mächtig und aktiv, da sie den Segen, der mit der Geburt des Erlösers verbunden ist, boykottieren wollen. Im Dezember findet also der Kampf zwischen Gut und Böse statt, an dem auch Frauen sich intensiv beteiligen.

Barbara und Wildbärbel

In Bulgarien feiert man am 4. Dezember das „Warwara"-Fest und nennt diesen Tag „Frauenweihnachten", weil sich daran nur Frauen und Mädchen beteiligten. Heute ist der Barbaratag vor allen durch den Brauch des „Barbara-Zweig-Brockens" beliebt. Am 4. Dezember sollen Zweige eines Obstbaumes in die warme Stube geholt werden. Geeignet sind unter anderem Zweige vom Kirsch-, Apfel- oder Nussbaum, aber auch Flieder- und Birkenzweige, die Blütenknospen tragen. Was nicht jeder weiß: die Zweige sollen möglichst schweigend nicht geschnitten, sondern gebrochen oder, wie man in Bayern sagt, „gebrockt" werden. Man stellt sie dann in eine Vase mit Wasser, auf dass sie an Weihnachten erblühen. Kaum jemand denkt bei diesem Vorgang daran, dass die heilige Barbara neben diesen hellen auch dunkle Seiten aufzuweisen hat.

Barbara, die in Nikomedia als Tochter reicher und vornehmer Eltern auf die Welt kam, schien ein unbeschwertes Leben vor sich zu haben. Doch als sie zu einem schönen Mädchen herangewachsen war, schloss sie ihr Vater Dioscorus, wenn er auf Reisen ging, eifersüchtig in einen Turm ein, da er fürchtete, sie sonst bald an einen jungen Burschen zu verlieren. In der Einsamkeit wandte sich das Mädchen von den Göttern ab, an die ihr Vater glaubte, und bekehrte sich zum Christentum. Als dies ihr Vater erfuhr, wollte er sie in seiner Wut töten, doch sie flüchtete auf das Dach und Engel trugen sie davon. Schließlich fiel sie ihrem Vater doch in die Hände. An den Haaren schleppte er sie zornbebend zum Richter Martiano, der sie grausam mit brennenden Fackeln foltern, ihren Leib mit scharfen Scherben einreiben und ihr die Brüste abschneiden ließ. Aber Barbara ließ von ihrem Glauben an Gott nicht ab. Im Jahre 306 wurde sie dann von dem eigenen Vater enthauptet. Nach ihrem entsetzlichen Ende braute sich ein furchtbares Gewitter zusammen und Blitze erschlugen den grausamen Mann.

Es verwundert daher nicht, dass auch die Nacht vor dem Barbaratag eine unheimliche Los- und Schicksalsnacht ist, in der man in die Zukunft schauen kann. Wer um Mitternacht an einer einsamen Kreuzung lauscht, so glaubte man früher, könne hören, was er im kommenden Jahr zu erwarten habe. Das Barbaralicht gilt noch heute als Schutz gegen den Tod im Bergwerk. Aber auch schon in heidnischen Zeiten war die Nacht auf den 4. Dezember eine besondere Nacht, in der Perchta oder Bertha, Frau Holle oder Holda, aber auch andere zauberische Gestalten umgingen und vor allem boshaften Menschen Furcht und Schrecken einjagten.

Der Brauch des „Bärbeletreibens“ findet heute noch am 4. Dezember in Sonthofen statt, nachdem er dort im Jahre 1973 wieder zum Leben erweckt wurde. An diesem Tag treffen sich 60 bis 80 Mädchen, die das 16. Lebensjahr vollendet haben und damit an das jugendliche Alter der heiligen Barbara erinnern. Aber auch ältere Frauen nehmen teil, verkleidet als Mütterle oder Weible mit einem Schellengürtel um die Taille. Scheppernd laufen diese Wildbärbele bei Einbruch der Dunkelheit durch die Straßen und schwingen Weidenbuschen, gebündelt aus fünf bis sechs Gerten. Damit teilen sie an Straßenpassanten und Zuschauer fruchtbarkeitsfördernde und glücksbringende Rutenstreiche aus. Damit verkörpern sie die Doppelrolle der heiligen Barbara und ihres Vaters.

Licht-Lucia und Schiache Luz

Am 13. Dezember, dem Tag der heiligen Lucia, wird diese Frau gerne als lichte Gabenbringerin gefeiert, die morgens in weißem Gewand und mit einem Kerzenkranz auf dem Kopf die Familienmitglieder weckt und ihnen ein gutes Frühstück serviert. Neben dieser schönen Lucia gibt es aber auch eine hässliche, in Bayern

„schiache“ genannt. Diese Doppelgesichtigkeit, Lichtheilige und Hexendämonin, machte sie schon frühzeitig zu einer der dunkelsten und undurchschaubarsten aller vorweihnachtlichen Dämonen. Die Nacht auf den 13. Dezember galt vor allem in Bayern seit jeher als Hexen- und Drudennacht allerersten Ranges.

Dies ist zweifellos auf das grausame Lebensschicksal der heiligen Lucia zurückzuführen, die im Jahre 310 in Syrakus den Märtyrertod erlitt. Hatte die heilige Barbara mit ihrem Vater Probleme, so wurde Lucia ihr Verlobter zum Verhängnis, als sie ihn zurückwies, da sie keusch bleiben wollte. Als der Jüngling sie weiter mit Liebesbestürmungen verfolgte, so erzählt eine Legende, soll sie ihre schönen Augen herausgenommen und ihm auf einer Schüssel übersandt haben. Darüber trauerte der Liebhaber so sehr, dass er ihren Glauben annahm, worauf durch ein Wunder die Jungfrau ihr Augenlicht wiedererhielt.

Die Wahrheit war etwas prosaischer und wurde zu einer blutigen Angelegenheit, denn die Liebe des jungen Mannes schlug nach der Zurückweisung augenblicklich in blinden Hass um. Als er erfuhr, dass seine ehemalige Verlobte Christin war, zeigte er sie nämlich sofort an. Der Präfekt Paschasius ließ Lucia ergreifen und wollte sie in ein Dirnenhaus bringen lassen, um sie zu demütigen. Doch weder ein Ochsengespann noch tausend starke Männer konnten sie von der Stelle bewegen, sodass sie nicht zu den schändlichen Handlungen gezwungen werden konnte. Daraufhin wollte sie der Landpfleger dem Feuertod überantworten. Jedoch weder die Flammen noch siedendes Öl, das man über sie goss, vermochten sie zu verletzen. Außer sich vor Zorn ließ ihr der Mann ein Schwert in die Kehle stoßen. Aber erst als Lucia den staunenden Zuschauern das Nahen von Gottes Reich vorausgesagt und den Leib Christi empfangen hatte, verschied sie.

Bevor im Jahre 1582 durch Papst Gregor XIII. der gregorianische Kalender eingeführt wurde, war der 13. Dezember der Tag der Wintersonnwende. In dieser längsten Nacht des Jahres spielten

Geister und Dämonen den Menschen schon immer besonders übel mit. Seit dieser Zeit gilt die Lucianacht als ausgesprochen unheimliche Losnacht, in der Zukünftiges vorausgesehen werden kann.

In Bayern, auch in Österreich und der Schweiz, trat zudem eine hässlich verzerrte Luzia auf, die sich im Hinblick auf ihr Aussehen allerdings an der heiligen Lucia orientierte. Denn deren Attribute waren schon immer zwei Gegenstände, zum einen das Schwert in Händen, zum anderen zwei Augen in einer Schüssel. Dies führte auch dazu, dass die „schiache Luz“ bei ihren Umgängen stets ein langes Messer und eine Schüssel mit sich trug, die ebenfalls einen nicht gerade appetitlichen Inhalt hatte. Selbst wenn Lucia Gaben brachte, glich sie daher eher einer boshaften Rachegöttin als einer wohlwollenden Lichtbringerin. Da die Heilige durch das Schwert ums Leben kam, durfte man nach altem Aberglauben an ihrem Tag nicht mit spitzen Gegenständen hantieren.

Luzia wurde unter vielen Namen bekannt: grausige Luzia, Lutzelfrau, Pudelmutter oder Budelfrau, Butznluz, Schnabelluz und Lutscherl. Gegen ihren bösen Zauber wusste man sich nur durch Ausräuchern der Räume, mit dem Versprengen von geweihtem Wasser und dem fortwährenden Sprechen von Gebeten zu schützen. Alle Arbeiten hatten in dieser Nacht zu ruhen, da sie zu keinem guten Ende gebracht werden konnten. Vor allem Spinnen, Nähen und Brotbacken waren streng untersagt. Das Haus hatte vom Keller bis zum Dach blitzblank gefegt zu sein, denn entdeckte die durch die Lüfte einherbrausende Luzia irgendwo Schmutz im Haus, schlitzte sie nach Perchtenart den dafür verantwortlichen Mägden mit ihrem Messer den Bauch auf und kehrte den Dreck hinein.

In vielen Orten im süddeutschen Raum rannte die „schiache Luz“ den Kindern auch auf der Straße nach. Dabei war sie häufig in ein weißes Gewand gekleidet, trug einen roten Umhang und hatte einen roten und einen weißen Strumpf an. Ihr Gesicht war von einer hässlichen Maske verdeckt oder von einem Tuch verhüllt. Sie trug einen Korb oder einen Teller mit sich, auf dem ein Menschenkopf aus Pappmaché lag. Sichel schwingend oder mit einem Metzgermesser drohend krächzte sie: „A Mölterl voll Bluat, a Schwingerl voll Därm!" Denn ihre Absicht war es nicht nur, gefangene Kinder in einen nahe gelegenen Fluss, beispielsweise die Isar, zu werfen, sondern eine weitaus grausamere. Kindern, die sie erwischte, versprach sie den Bauch aufzuschlitzen, um daraus deren dampfende Gedärme zu entnehmen, die sie dann in den mitgetragenen Korb oder in das Schwingerl, ein Henkeltöpfchen, einfüllte. Diese Barbarei weist eindeutig auf eine heidnische Dämonin hin, die lediglich durch die Opferung von Gedärmen und Blut zufriedengestellt werden konnte. Manche Kinder erschraken bei ihrem Erscheinen deshalb zu Tode, andere verspotteten die mörderische Unholdin frech, indem sie ihr zuriefen: „Lucia, Lucia, dei Hemmad steht für! Geh außi und steck's eini, nachad tanz i mit dir!"

Und dann rannten sie vor der „schiachn Luz" davon, als wäre der Teufel persönlich hinter ihnen her. Hinkend und mit großen Sprüngen im fliegenden roten Mantel kam sie ihnen oft recht nahe. Plötzlich war sie von der Straße verschwunden und in ein Haus gelaufen. Sie drang in die Stube ein, warf sich dort auf den Boden, wälzte sich herum oder krabbelte auf allen Vieren. Dabei winselte sie bettelnd nach „einem Schwingerl voll Därm", bis die völlig entnervten Kinder heulend Besserung gelobten. Besonders unfolgsame Rabauken bekamen mitunter auch ihren großen Stock zu spüren. Und manche Racker zerrte sie sogar mit sich fort. Kluge Mütter beruhigten ihre Kinder, wenn die Angst vor der Luz zu groß wurde, mit dem Satz: „Dean ma d'Luz fuattern!", das heißt: „Geben wir der Luzia etwas zu essen!" Und sie stellten ihr dann eine Nudel und eine Schale mit Milch vor die Tür, wodurch sich die Geisterfrau angeblich etwas beschwichtigen ließ. Auch ein Stoßgebet sollte helfen: „Vorn Drudndrucka, vor Hexnhaxn, / Teuflsbratn, Zauberfaxn, / Beschütz du mi, heilige Luzie, / Bis i morgn Fruah aufsteh."

Und abends zeichnete man zur Sicherheit mit geweihter Kreide auf das Bett einen Drudnfuß, das fünfzackige Pentagramm, und stieß ein feststehendes Messer mit der Schneide nach oben hinein, da man glaubte, Eisen könne böse Geister abwehren.

Dieses äußerst reiche, aber doch allzu grausige Luzienbrauchtum findet sich heute kaum noch, da es nach Ansicht der Erwachsenen Kindern einfach nicht mehr zugemutet werden sollte. Der Volkskundler Simon Aiblinger berichtet in seinem Buch „Vom echten bayerischen Leben", dass in Sattelbogen bei Cham junge Mädchen noch in Gruppen zu sechst als Luzia umgehen. Sie sind „entweder ganz weiß oder ganz schwarz gekleidet. Alle tragen sie Kopftücher, wetzen die Sichel mit einem Wetzstein und haben einen Topf dabei 'zum Blutrühren'."

Wer in der Nacht auf den 13. Dezember nicht schlafen konnte, so hieß es, würde sein Leben lang unter Schlaflosigkeit leiden. Manche aber wollten gar nicht schlafen, sondern die Dunkelzeit zum „Luzienschein-Sehen" nutzen. Der Luzienschein ist eine sehr eigentümliche Erscheinung. Er ist ein zitterndes Licht, das sich langsam über die Dächer und Häuser bewegt, verschiedene Gestalten annimmt und nur für gewisse Leute sichtbar ist. Vor allem junge Mädchen waren darauf aus, dieses Licht zu sehen, um daraus ihren künftigen Mann oder ihr Schicksal zu erfahren.

Zehn weitere engagierte Dezember-Frauen

Außer den beiden bereits erwähnten Frauen Barbara und Lucia gibt es noch zehn weitere Powerfrauen, an die man sich im Dezember erinnert. Es sind dies Anna, Angelina, Johanna Franziska und Odilia, des weiteren Adelheid, Yolanda und Jutta sowie Marie Marguerite, Anastasia und Vincentia Maria. Sie alle waren emanzipierte Frauen, die tatkräftig ihre oft recht eigenwilligen Wege gingen und sich gegen die Dominanz und Unterdrückung der Männer durchsetzten, auch wenn es ihnen das Leben kostete.

Am 9. Dezember ist das Fest der heiligen Anna. Sie ist die Mutter Marias und damit die Großmutter Jesu. Die Legende erzählt, dass sich Anna und ihr Mann Joachim viele Jahre vergeblich nach einem Kind sehnten. Immer wieder baten sie Gott darum. Nach vielen Jahren endlosen Wartens erschienen Engel den beiden und verkündeten ihnen trotz ihres hohen Alters die Geburt einer Tochter. Nach neun Monaten kam Maria zur Welt, die später die Mutter Jesu wurde. Anna wird als Schutzheilige der Ehe, der Familie, der Schwangeren und der Witwen verehrt. Am 9. Dezember sollen die Frauen nach altem Brauch keine Hausarbeit verrichten. Das können ja die Männer tun, die an diesem Tag ohnehin daheimbleiben sollen, damit sie boshaften Nixen nicht in die Falle gehen. Am Abend sollen sie dann vor der Haustür den Stallmist anzünden, um die bösen Kräfte zu verjagen.

Am 10. Dezember wird der Namenstag der heiligen Angelina gefeiert, deren Name „die kleine Engelgleiche" bedeutet. Sie war die Tochter eines albanischen Edelmannes und seit 1460 mit „Stephan dem Blinden" verheiratet, einem vertriebenen serbischen Fürsten. Nach dessen Tod geriet sie mit ihren beiden Söhnen in Not, aus der sie von einem Kaiser und einem König gerettet wurde. Kaiser

Friedrich III. gab ihr Schloss Weitensfeld im Kärntner Gurktal zum Lehen und der ungarische König Matthias schenkte ihr Schloss Kupinik/Kelpén bei Mitrovica. Angelina war dankbar und gründete 1496 zusammen mit einem ihrer Söhne das Frauen- und Männerkloster von Krušedol in den Bergen von Fruška Gora. Ihre letzten Lebensjahre verbrachte sie in einem benachbarten Frauenkloster, wo sie als Äbtissin um 1510 starb. In Notsituationen wird sie, die selbst große Not litt, aber anderen auch in Notsituationen half, um Hilfe angefleht.

Zwei Tage später, am 12. Dezember, ist der Namenstag von Johanna Franziska. 1572 als Tochter des burgundischen Parlamentspräsidenten geboren, heiratete sie 1592 einen Baron, der aber acht Jahre später nach einem Unfall starb. Sie war am Boden zerstört, doch Bischof Franz von Sales half ihr diese schwere Zeit zu überbrücken. Er gründete mit ihr den Orden der Salesianerinnen, zu dessen Aufgaben die Erziehung von Mädchen gehörte. Als sie am 13. Dezember 1641 in Moulins starb, wurde sie als Helferin in seelischen Nöten angefleht und als Patronin für eine glückliche Entbindung verehrt.

Obwohl am 13. Dezember schon Lucia ihren Festtag hat, teilt sie diesen Tag mit Odilia, der Tochter des elsässischen Herzogs Attich. Der Legende nach wurde sie um etwa 680 blind geboren, weshalb sie ihr Vater töten lassen wollte, doch die Mutter ließ das Kind durch die Amme ins Kloster Palma bringen. Dort wurde Odilia bei der Taufe wieder sehend. Später holte sie ihr jüngerer Bruder nach Hause, was den Vater so wütend machte, dass er seinen Sohn erschlug. Odilia erweckte ihn aber wieder zum Leben und musste erneut fliehen. Der Vater verfolgte sie, doch Odilia konnte sich in einem Felsspalt verstecken. Der Vater wurde von herabstürzenden Steinen schwer verwundet. Nach Jahren versöhnte sich der inzwischen schwerkranke Vater mit Odilia und schenkte ihr den Platz auf dem Mont Sainte-Odile, wo sie das Frauenkloster Hohenburg gründete, das später ihr zu Ehren Odilienberg hieß. Dort wurde sie die erste Äbtissin. Nach Odilias Tod um 720 wurde ihr Grab in Odilienberg zu einer bekannten Wallfahrtsstätte. Odilia wird als Patronin des Elsass verehrt und bei Augen-, Ohren- und Kopfkrankheiten um Hilfe angefleht.

Drei Tage später, am 16. Dezember, erinnert man sich an Kaiserin Adelheid, die 931 als Tochter des Königs Rudolf von Burgund zur Welt kam. Verheiratet war sie mit König Lothar von Italien. Nach dessen Tod im Jahr 950 wollte sie Markgraf Berengar II., der sich selbst zu Lothars Nachfolger ernannt hatte, zur Heirat mit seinem Sohn zwingen. Doch sie weigerte sich, worauf sie auf einem Schloss am Gardasee eingesperrt wurde. Zusammen mit ihrer dreijährigen Tochter konnte sie in einem Fischerboot jedoch zu König Otto I. flüchten, mit dem sie sich 951 vermählte. Ein Jahr später wurde sie zusammen mit ihrem Mann in Rom von Papst Johannes XII. zur Kaiserin gekrönt. Adelheid unterstützte nicht nur ihren Mann tatkräftig, sondern regierte nach dessen Tod an Stelle ihres Sohnes Otto II. für einige Zeit das Reich. Nach dessen Tod war sie dann auch noch für ihren Enkel Otto III. Reichsregentin. Außerdem gründete sie ein Reformkloster der Benediktinerinnen in Seltz am Rhein, in dem sie im Alter lebte. Die engagierte Frau starb am 16. Dezember 999 im Alter von 68 Jahren und wird bis heute als Patronin von Seltz verehrt und als tatkräftige „kaiserlichste aller Kaiserinnen".

Am 17. Dezember ist der Gedenktag für Yolanda, deren Name „Veilchenblüte" bedeutet. Sie kam um 1231 zur Welt. Ihr Vater Graf Heinrich I. von Viande (Luxemburg) sah es gar nicht gern, dass die neunjährige Yolanda nach einem Besuch bei ihrer Tante, der Äbtissin von Salines, sofort im Kloster bleiben wollte. Er entschied, sie solle heiraten. Da sie sich weigerte, sperrte er die widerspenstige Yolanda auf Burg Schönecken ein, um ihren Willen zu brechen. Doch sein Töchterchen gab nicht nach, bis ihr der Vater 1248 nach acht Jahren schließlich erlaubte, in das Kloster der Dominikanerinnen Marienthal bei Mersch (Luxemburg) einzutreten, wo sie 35 Jahre lang bis zu ihrem Tod blieb. Als Priorin trieb sie den Ausbau des Klosters voran und ließ eine fünfschiffige Kirche errichten, stolze 50 Meter lang und 35 Meter breit. Nach dem Tod des Vaters trat auch die Mutter ins Kloster Marienthal ein. Yolanda von Vianden starb am 17. Dezember 1283 und wurde in der Klosterkirche bestattet, wo die eigenwillige Frau bis heute verehrt wird.

Jutta, deren Name „die Hebräerin“ oder „die Jüdin“ bedeutet, hat am 22. Dezember ihren Gedenktag. Die um 1090 geborene Tochter des Grafen von Sponheim erkrankte im Alter von zwölf Jahren so schwer, dass ihre Genesung ein Wunder war. Jutta versprach, ihr Leben Gott zu weihen und wies alle Heiratsanträge ab. Mit 14 Jahren zog sie sich gegen den Willen ihrer Familie aus der Welt zurück und wurde gemeinsam mit der achtjährigen Hildegard von Bingen auf der Burg Sponheim von der frommen Witwe Uda von Göllheim erzogen. Im Alter von 20 Jahren bezog sie mit Hildegard von Bingen und zwei weiteren Mädchen eine Klause bei der Klosterkirche des Disibodenbergs und gründete dort einen benediktinischen Frauenkonvent. Fortan widmete sie sich der Erziehung junger Mädchen. Nach ihrem Tod am 22. Dezember 1136 wurde Hildegard von Bingen ihre Nachfolgerin. Juttas Grab wurde durch viele Wunder, die sich auf ihre Fürbitte ereigneten, zur viel besuchten Pilgerstätte.

Einen Tag später gedenkt man am 23. Dezember Marie-Marguerite Dufrost de Lajemmerais, die am 15. Oktober 1701 in Kanada, in Varennes, das Licht der Welt erblickte. Im Alter von 18 Jahren heiratete sie Francois d’Youville d’Youville. Nach dessen frühen Tod erzog sie allein ihre beiden Söhne, die später Priester wurden. Nunmehr alleinstehend widmete sie sich mit ganzer Kraft den Armen und Verlassenen. In ihrem Haus richtete sie ein Hospiz ein, aus dem später die Kongregation der „Grauen Schwestern der Liebe“ hervorging. Dem ersten Ordenshaus folgten bald weitere in Kanada und in den USA mit dem Ziel, Kranke, Waisen, Gefangene, Flüchtlinge und Kriegsopfer zu betreuen. Marie-Marguerite

Dufrost de Lajemmerais starb am 23. Dezember 1771 in Montreal und wurde wegen ihres Einsatzes für Notleidende verehrt. Aber erst 1959 wurde sie selig- und 1990 heiliggesprochen.

Am Weihnachtstag, am 25. Dezember, wird an Anastasia, deren Name „Auferstehung" bedeutet, erinnert. Der Legende nach wurde Anastasia gegen ihren Willen mit einem heidnischen Mann verheiratet, entzog sich ihm jedoch und widmete sich der Betreuung gefangener Christen. Nach dem Tod ihres Mannes sperrte sie der Hausherr zusammen mit ihren drei Mägden in die Küche und wollte über sie herfallen. Da ergriff ihn der Wahnsinn und er küsste und umarmte Kessel, Kübel und Pfannen. Als er wieder zur Besinnung kam, wollte er den Mägden die Kleider vom Leib reißen, aber sie klebten fest. Da ließ er die Mägde töten und Anastasia einkerkern. Da sie seine Zudringlichkeiten weiterhin abwies, wurde sie schließlich mit 200 jungen Mädchen auf eine einsame Insel verbannt. Dort bekehrte sie alle Mädchen zum Glauben, die daraufhin getötet wurden. Sie selbst wurde gefoltert und auf ein Schiffswrack gebunden, das man auf einem Fluss treiben ließ. Doch das Wrack versank nicht, worauf man sie auf dem Scheiterhaufen verbrannte. Ihr Märtyrertod ereignete sich vermutlich während der Christenverfolgung durch Kaiser Diokletian um 304 in Sirmium/Pannonien. Nachdem um 470 ihre Reliquien in eine ihr zu Ehren geweihte Kirche in Konstantinopel übertragen wurden, begann ihre Verehrung. Vor allem wird sie bei Kopf- und Brustkrankheiten um Hilfe angefleht.

In einer anderen alten Legende wird Anastasia „Jungfrau ohne Hände" genannt. In dieser Geschichte wohnte sie nahe beim Stall von Bethlehem. In der Heiligen Nacht habe Maria sie gebeten, ihr bei der Geburt des Gotteskindes behilflich zu sein. Anastasia aber sagte, sie dürfe das nicht, ihr Vater habe ihr verboten als Geburtshelferin tätig zu sein und ihr gedroht, ihr beide Hände abzuschneiden, wenn sie sein Gebot überschreite. Doch Maria sagte ihr, dass ihr nichts geschehe, und so half ihr Anastasia bei der Geburt. Als sie ihrem Vater gestand, was sie getan hatte, geriet dieser derart in Wut, dass er ihr beide Hände abhackte. Anastasia lief zur Muttergottes und zeigte ihr, was geschehen war. „Geh rasch und bring mir deine Hände her", befahl ihr Maria und als ihr Anastasia die Hände brachte, legte sie diese an die Armstümpfe und schob sie unter das neugeborene Kind. Und siehe da, ihre Hände wuchsen wieder an. Sie wurden nicht nur viel schöner als vorher, sondern verwandelten sich bis zum Ellenbogen in pures Gold. Als Anastasias Vater das sah, fürchtete er Gottes Strafe für seine unmenschliche Tat. Er eilte in den Stall, fiel vor dem Gotteskind auf die Knie und bat um Vergebung, worauf ihm verziehen wurde.

In Spanien feiert man am 26. Dezember die 1975 heiliggesprochene Vincentia Maria Lopez y Vincuila (1847-1890). Die aus vornehmer Familie stammende Vincentia kümmerte sich bereits im Alter von erst 19 Jahren um die jungen Mädchen ihres Landes, vor allem um weibliche Hausangestellte. Mit Hilfe ihrer wohlhabenden Tante, einer Gräfin Morbalan, gründete sie das erste Heim für arbeitslose junge Mädchen. 1876 folgte das Institut „Kongregation der Hermanas de María Inmaculada", eine Vereinigung, die sich seither tatkräftig der Hausangestellten annimmt. Heute sind rund 900 Schwestern dieses Ordens in mehreren Ländern aktiv.

Alle diese Frauen zeichnet Selbstvertrauen und Durchsetzungskraft aus, sie besitzen Gottvertrauen und Mut, sie bieten den Männern die Stirn und erringen leitende Positionen, sie verfügen über eine erstaunliche Energie und zeigen ein ausgeprägtes soziales Engagement. Wenn Emanzipation die Befreiung aus dem Zustand der Abhängigkeit, den Drang nach Selbstständigkeit und das Streben nach rechtlicher und gesellschaftlicher Gleichstellung der Frau mit dem Mann meint, dann wollten sich viele dieser Dezember-Frauen durchaus emanzipieren. Damit können sie nicht nur zur Weihnachtszeit ein durchaus nachahmenswertes Vorbild sein.

Wo das Gute ist, ist auch das Böse nah!

Dieser Spruch trifft auch auf die Weihnachtszeit zu, jedenfalls nach altem Volksglauben. Besonders zur Weihnachtszeit wüten nämlich selbst heute noch immer auch Hexen und Druden. Diese Bräuche erinnern an die schreckliche Zeit der Hexenverfolgung, in der über fünf Jahrhunderte Millionen unschuldiger Frauen der Prozess gemacht wurde und die Zehntausenden von ihnen das Leben kostete. Diese Barbarei spielte sich nicht im „finsteren Mittelalter", sondern im Spätmittelalter und in der Neuzeit ab und hatte makaberer Weise ausgerechnet in der Zeit des sogenannten „Humanismus" und der Renaissance ihren Höhepunkt. Zum einen suchte man damals Sündenböcke für das herrschende Elend der Menschen mit Hungersnöten und Seuchen, zum anderen wollten die Männer den Frauen ihre Macht demonstrieren. Frauen, die als weise Heilerinnen und Hebammen bis dahin gleichsam „Ärzte des Volkes" waren, wurden von den sich entwickelnden medizinischen Fakultäten, zu denen sie keinen Zugang hatten, verdrängt. Frauen wussten mit Kräutern umzugehen und Schmerzen zu lindern. Doch ihr über Jahrtausende überliefertes Wissen um Heilkunde und Zusammenhänge von Psyche und Körper wurde nun mehr und mehr ver-schüttet und ins Gegenteil verkehrt: aus Nutzzauber wurde angeblich Schadenszauber, aus Volksmedizin Giftmischerei. Das magische Wissen der Frauen wurde zur Zauberei verteufelt, sie selbst wurden zu Hexen erklärt und für alles Böse verantwortlich gemacht, so für Krankheiten, Totgeburten, schlechte Milch, Unwetter usw. Da das herrschende Elend eine Ursache haben musste, wurde einfach erklärt, es sei Hexerei und jede Frau konnte eine Hexe sein oder dazu erklärt werden. Der bloße Verdacht genügte. Geständnisse wurden durch grausame Foltern erpresst und sie am Ende auf Scheiterhaufen verbrannt.

Heute nehmen Frauen das Wort Hexe freiwillig und bewusst auf sich, um sich dadurch an die Kräfte zu erinnern, die Frauen entwickeln können. Sie entdecken die Hexerei neu, befassen sich mit den Mitteln und Geheimnissen der Naturheilkunde und revoltieren gegen die Unterdrückung der Frauen, die zur Zeit der Hexenverfolgungen ihren Höhepunkt erreichte. Wenn heute noch im winterlichen und weihnachtlichen Brauchtum von dörflichen Gemeinschaften die Existenz von Hexen und Druden nach wie vor ihren Platz hat, sehen Frauen darin eine Chance, den Menschen einen Spiegel vor Augen zu halten, in dem sie erkennen, dass nicht nur vor Jahrhunderten, sondern auch noch heute Aberglauben stets aufs Neue fröhliche Urstände feiert.

Noch immer erzählen alte weihnachtliche Bräuche davon, dass Hexen mit ihrem Schadenszauber bewirken, dass Kühe keine Milch mehr geben, dass Krankheiten und Seuchen ausbrechen. Sie verderben die Ernte, rufen Mäuseplagen hervor, hexen Kröten ins Haus und lassen verheerende Gewitter und Stürme entstehen. Auch Hagelschlag und Fröste erzeugen sie. Sie entziehen verhassten Menschen ihre Lebenskraft und bringen Tod und Unglück über ganze Dorfgemeinschaften. Sie vergiften die Muttermilch und rufen tödliches Fieber hervor. Sie rauben Männern die Potenz und den Frauen ihre Reize. Sie können auf Besen durch die Lüfte reiten und sich selbst in Tiere wie Kröten und Hasen verwandeln. In ein Tier fahren Hexen mit Vorliebe: in die Katze. Deshalb dürfen Katzen mancherorts in den Raunächten nicht im Haus bleiben.

Das Tätigkeitsfeld der Druden ist im Vergleich dazu eingeschränkt. Während die Hexen hässlich sind, sind die Druden großenteils junge hübsche Mägde, die sich erst nachts zu bösartigen Albträumen auswachsen. In der Nacht gleitet die Seele einer Drud aus ihrem schönen Körper und nimmt entweder die Gestalt einer Motte, einer Fliege oder eines Käfers an. Sie kann ihren Leib vor dem Haus ihrer Opfer ablegen und an die Türe „hinlehnen“. Sie kommt meist als drohender Schatten durch das Schlüsselloch oder durchs Fenster in die Schlafzimmer. Dann schleift sie am Boden entlang, robbt rauschend über die Bettdecke und hockt sich schwarz und schwer auf ihre Beute. Die stöhnt alsbald unter grausigen, fiebrigen Träumen und ringt nach Atem, wobei sie vergeblich die erstickende Last von der Brust zu schütteln versucht. Im Stall reiten Druden die Pferde schweißnass oder flechten ihnen unentwirrbare Zöpfe in die Mähnen und Schwänze.

Beide Unwesen, Hexen wie Druden, entfalten ihre Umtriebe besonders in der Advents- und Weihnachtszeit. In diesen Wochen gelingt es übrigens, diese Unholdinnen zu enttarnen. Dazu baut man in Ungarn ab dem 13. Dezember den sogenannten „Luca-Stuhl", der aus sieben verschiedenen Holzarten besteht. Diesen Stuhl nimmt man am Heiligen Abend zur Christmette mit. Stellt man sich nun auf den Stuhl, kann man Hexen erkennen. Entdeckt man eine, sollte man samt Stuhl nach Hause rennen und auf der Flucht Mohnsamen auf den Boden werden. So erwischen einen die Hexen nicht, da sie gezwungen sind, die Mohnsamen aufzusammeln, bevor sie die Verfolgung fortsetzen können. Zuhause angekommen, verbrennt man den Luca-Stuhl und ist auf diese Weise im kommenden Jahr vor Hexen sicher. Auch in Bayern ist dieser Aberglaube bekannt. „In der Heiligen Nacht während der Metten", so der Volkskundler Karl von Leoprechting, „vermag der, so auf einem Schemel von neunerlei Holz kniet, alle Hexen und Truden in der Gemeinde erkennen, denn dieselbe knien ärschlings mit dem Rücken gegen den Hochaltar. Er hat aber wohl vorzusehen, dass er vor Beendigung der Metten wieder zu Hause in seiner Stube sei, denn finden ihn die Hexen noch auf offener Straßen, dann fallen sie über ihn her, zerkratzen gottesjämmerlich sein Antlitz und suchen wo möglich ihn blind zu machen."

In den Zwölfernächten vom 25. Dezember bis zum 6. Januar treiben es Hexen und Druden besonders bunt. Durch Ausräuchern von Haus, Hof und Stall kann man sie sich vom Hals halten. Das

Einritzen des fünfzackigen, in einem Zug gezeichneten Drudenfußes in Bettbretter oder das Aufzeichnen mit geweihter Kreide auf den Schlafzimmerboden wirkt als zusätzliches Abwehrmittel. In alten Häusern findet sich in der Schlafkammer oder an der Bettstatt ein um den Trudenfuß herum geschriebener Spruch, den Karl von Leoprechting überliefert: „Trudenkopf, ich verbiete dir mein Haus und Hof, mein Ross- und Kuhstall, ich verbiete dir meine Bettsatt, mein Fleisch und Blut, mein Leib und Seele; trude in ein ander Haus, bis du alle Bichel grattelst, alle Wasser wattelst, bis du alle Zaunstecken melkst und alle Läublein an Bäumen zählst, bis kommt der liebe Tag, da die Mutter Gottes einen zweiten Sohn gebären mag."

Zur Abwehr von Hexen und Druden sind auch scharfe Messer geeignet, die man mit der Klinge nach oben in den Türpfosten rammt oder unter das Bett legt. Auch das Hexagramm aus zwei ineinander geschachtelten Dreiecken und das sogenannte Drudengatterl, das an ein Stück Holzzaun erinnert, sind magische Abwehrzeichen. Bärlappkränze an Türen, ein verkehrt aufgestellter Besen wirken gleichfalls abschreckend. Ebenso macht alles Unruhige, beispielsweise ein Mobile an der Zimmerdecke, Hexen und Druden nervös. Ruft der Schläfer nach dem Drücken der Drud nach: „Komm morgen und leih dir was von mir!", so muss die Drud anderntags im Haus ihres Opfers erscheinen und stumm warten, bis ihr eine entsprechende Leihgabe überreicht worden ist. Auf diese Weise wird sie rasch als der nächtliche Plagegeist entlarvt.

Zwar haben bis heute im Advents- und Weihnachtsbrauchtum die Furcht vor Hexen und Druden noch immer ihren Platz hat, doch viele Frauen benutzen heute die Bezeichnung Hexe eher als Kompliment. Die Figur der Hexe avanciert in ihren Augen zum Symbol weiblicher Selbstermächtigung. In sogenannten „Witch-Gruppen" wollen sie die Figur der Hexe rehabilitieren – als Symbol der freien Frau im feministischen Milieu. Hexen verkörpern für sie eine alternative Lebensweise jenseits der konsumorientierten und umweltfeindlichen Gesellschaft.

Der Fluch der Schneekönigin

Die Schneekönigin steht mit dem Teufel im Bunde, der einst einen Zauberspiegel erschuf, der alles Schöne und Gute verzerrt und hässlich aussehen ließ. Was Böse ist, erscheint darin hingegen gut. Eines Tages jedoch fiel der Zauberspiegel dem Teufel aus den Händen und zersprang in tausend große und kleine Stücke, die sich solange über die ganze Welt verteilen, solange sie besteht. Wird ein Mensch von den Splittern getroffen, ergreift sofort das Böse von ihm Besitz. Dringt ein Splitter in das Herz, verwandelt es sich in einen Eisklumpen. Gerät ein Splitter ins Auge, sieht der Getroffene alles um sich herum nur noch hässlich und böse.

Alle Jahre in der Adventszeit fährt die weiß bepelzte Schneekönigin in ihrer prächtigen Kutsche quer durch die Welt auf der Suche nach Menschen, die von den Splittern des Teufelsspiegels getroffen wurden. Begegnet sie auf ihrer Fahrt einem solchen Menschen, wird er von ihr in die Kutsche gezogen. Die Kälte ihres Kusses betäubt den Gefangenen sofort und sie entführt ihn in ihren Palast mit Hunderten von leeren, nur vom kaltem Nordlicht erhellten Eissälen. Im größten Saal, der mehrere Meilen lang ist, steht der Eisthron der Königin. Der Gefangene versinkt in einen eisigen Traum und kann die Freiheit nur erlangen, wenn es ihm gelingt, aus Eisplatten das Wort „Ewigkeit" zu legen. Doch die Splitter im Auge verhindern das immer wieder. Doch wer das Glück hat, dass eine Person, die ihn liebt, sich auf die Suche nach dem Entführten macht, ihn findet und seine Augen mit ihren Tränen benetzt, dem winkt die Erlösung. Die Tränen lassen das Herz aus Eis schmelzen und die Splitter im Auge verschwinden. Dann erscheint das Wort „Ewigkeit", das den Fluch der Schneekönigin zerbricht.

Die Legende von der Schneekönigin geht auf das gleichnamige Märchen des dänischen Dichters Hans Christian Andersen zurück.

Madame Nikolaus

In Bulgarien heißt der 5. Dezember auch „Sawatag“. Der Name des heiligen Sawa kommt aus dem Altgriechischen und bedeutet Samstag, aber auch Hellseher. An diesem Tag feiern alle, die Sawa, Slawka oder Slaw heißen ihren Namenstag. Nach der Volksmythologie ist der 5.12. auch der Festtag des heiligen Androgyn, was so viel wie Mannweib bedeutet. Wie es heißt, schuf Gott den Menschen ja nach seinem Bild männlich und weiblich, wonach „Androgyn“ ein Abbild Gottes sei. In manchen Regionen Bulgariens hielt man die heilige Sawa für eine Frau und die Schwester der heiligen Barbara und des Nikolaus. Anderswo glaubte man, der heilige Sawa sei ein Mann und als solcher Schutzherr der Wölfe. Wie man sieht, ist der 5.12., zumindest in Bulgarien, gleichsam ein androgyner Feiertag. Und deshalb sei es durchaus vorstellbar, dass neben Nikolaus auch gleichberechtigt Frau Nikolaus steht.

Die Dienerinnen des Nikolaus

Moment! So geht das nun aber nicht. Nikolaus lebte tatsächlich und wurde um 270 als einziges Kind reicher Eltern in der kleinasiatischen Stadt Patara in Lykien, in der heutigen Türkei, geboren. Mit 19 Jahren wurde er zum Priester und später zum Bischof von Myra geweiht. Er war ein mildtätiger Mann, der alles den Armen gab und sich um notleidende Menschen, vor allem auch um Kinder, kümmerte. Am 6. Dezember 343 starb er im Alter von 73 Jahren und wurde in Myra (Demre/Türkei) beigesetzt. Durch sein Engagement für die Not der Kleinsten wurde er später zum Gabenbringer für die Kinder und ist seither in der Weihnachtstradition verwurzelt. Der Gabenbringer am 6. Dezember ist also ein Mann und keine Frau und daran gibt es nichts zu rütteln.

Natürlich stehen dem Nikolaus zahlreiche Helferinnen und Helfer zur Verfügung, darunter Engel, Weihnachtswichtel und Elfen und auch eine Frau, die sich um ihn kümmert. Das wusste auch die Schriftstellerin Paula Dehmel (1862-1918), die in ihrem Gedicht „St. Niklas' Auszug“ klar macht, wer die sogenannte Frau Nikolaus ist – ob sie nun „Kathrein“ oder sonst wie heißt – und welche Stellung sie gegenüber ihrem Vorgesetzten hat:

St. Niklas zieht den Schlafrock aus,
klopft seine lange Pfeife aus
und sagt zur heiligen Kathrein:
„Öl mir die Wasserstiefel ein,
bitte hol auch den Knotenstock
vom Boden und den Fuchspelzrock;
die Mütze lege obendrauf,
und schütt‘ dem Esel tüchtig auf,
halt auch das Sattelzeug bereit,
wir reisen, es ist Weihnachtszeit.

Und dass ich's nicht vergess', ein Loch
ist vorn im Sack, das stopfe noch!
Ich geh derweil zu Gottes Sohn
und hol' mir meine Instruktion."
Die heil'ge Käthe, sanft und still,
tut alles, was St. Niklas will.

Ja, alle Helferinnen des heiligen Nikolaus sind ihm untergeben und erfüllen unterwürfig ihre Pflichten. Er raunzt seine Befehle heraus und seine Bediensteten tun „sanft und still" alles, was der Nikolaus will, über dem nur noch „Gottes Sohn" steht.

Später wurde dann auch der Weihnachtsmann, zumindest in Geschichten, von einer Frau tatkräftig unterstützt, die als „Frau des Weihnachtsmanns" tituliert wurde. Sie dirigierte den Engelschor und kochte dem Weihnachtsmann sein Leibgericht. Sie führte sorgsam Buch, wer von den Kindern brav war und wer nicht. Sie bereitete die Adressenliste vor und verwaltete die Geschenkdateien. Sie packte den Sack mit den Gaben, polierte das Geschirr der Rentiere auf Hochglanz und spannte den Rentierschlitten an. Sie erklärte dem Weihnachtsmann den Weg, damit er sich nicht verfährt, kurzum war als „Weihnachtsmädchen für alles" stets zur Stelle.

Und jetzt kommen da so ein paar Wichtigtuer, stellen die Position des Nikolaus und des Weihnachtsmannes in Frage und behaupten allen Ernstes, neben dem Nikolaus und dem Weihnachtsmann stehe angeblich gleichberechtigt jeweils eine Frau und das auch noch gleichen Namens, obwohl so jemand nachweislich überhaupt nicht existiert hat. Diese „Frau Nikolaus" oder „Frau Weihnachtsmann" ist doch nur so eine moderne Erfindung. Woher soll die denn auch so plötzlich kommen?

„Mrs. Santa Claus" oder „Mary Christmas"

Nein, eine moderne neuzeitliche Kreation ist Mrs. Santa Claus nicht. Sie entstand immerhin schon vor über 170 Jahren, ist also auch schon recht alt.

1849 verfasste James Rees, ein Missionar aus Philadelphia, eine Kurzgeschichte mit dem Titel „The Christmas Legend", in der die Frau des Weihnachtsmanns erstmals in gedruckter Form erwähnt wird. In dieser Geschichte kommt an Heiligabend ein altes Ehepaar zu einer armen Familie und bittet um Obdach. Am nächsten Morgen wird die arme Familie mit Weihnachtsgeschenken überrascht und das alte Ehepaar hat sich in ein junges Paar verwandelt, die an den Weihnachtsmann und seine Frau erinnern. Zwei Jahre später, 1851, wurde dann der Name „Mrs. Santa Claus" in einer im „Yale Literary Magazine" veröffentlichten Geschichte erneut erwähnt.

1889 machte James Rees das Gedicht „Goody Santa Claus auf einer Schlittenfahrt" der Dichterin Katharine Lee Bates bekannt, in der er die Frau des Weihnachtsmanns, Mrs. Claus, beschreibt. „Goody" ist dabei die Kurzform des alten Wortes „Goodwife" und bedeutet „Herrin des Hauses" oder einfach nur „Frau". In diesem Gedicht tritt Goody Santa Claus als selbstbewusste Frau auf. Sie wirft Santa Claus vor, dass er das ganze Jahr nur faul herumhockt, während sie für ihn kocht und sich um die Weihnachtsbäume, das Truthahnessen und die Geschenke kümmert. „Warum sollst du den ganzen Ruhm an Weihnachten einheimsen", fragt sie ihn vorwurfsvoll, „wo ich doch die ganze Arbeit erledigt habe?" Sie fordert deshalb, in Santas Schlitten mitfahren zu dürfen, was ihr auch erlaubt wird. Aber sie verlangt auch noch, dass sie wie er den Schornstein hinuntersteigen darf. Widerwillig stimmt er zu. Sie klettert also durch den Schornstein, holt den zerfetzten Strumpf eines armen Kindes, flickt ihn und füllt ihn mit Geschenken. Da sie ihren „eigenen süßen Willen“ durchsetzen konnte, fühlt sie sich als glücklichste Frau der Welt. In den folgenden Jahrzehnten war Mrs. Santa Claus aus den Köpfen der Frauen nicht mehr zu verbannen.

Ganz besonders beliebt wurde das 1954 entstandene Lied „Mrs. Santa Claus“ von George Melachrino, in dem ebenfalls gefragt wird, wer denn eigentlich in der Vorweihnachtszeit die ganze Arbeit macht, die Rentiere füttert, für den Weihnachtmann kocht und dessen roten Anzug pflegt. Sie kümmert sich um ihn, wenn er erkältet ist, packt die Geschenke ein, belädt den Schlitten, backt Plätzchen, trällert frohe Weihnachtslieder und liest die Wunschzettel der Kinder. Wer also hilft dem Weihnachtsmann Tag für Tag? Natürlich Frau Weihnachtsmann alias „Mrs. Santa Claus“!

Sie tritt als alte, gemütlich dicke, weißhaarige Frau auf, oft mit Brille, in einem roten Kleid und einer weißen Schürze. Und sie ist beileibe keine unterwürfige Hausfrau. Sie kann durchaus energisch sein, wenn der Weihnachtsmann, die Elfen und die Wichtel wieder einmal zu sehr herumtrödeln. Und dann geigt sie ihnen ganz ungeniert die Meinung, und alle, auch der Weihnachtsmann, geben dann meist kleinlaut bei.

In der angelsächsischen Volkstradition ist übrigens ein Wortspiel in englischer Sprache bekannt. Da wird sie in Anlehnung an den Gruß „Merry Christmas – Frohe Weihnachten“ als „Mary Christmas“ tituliert und das weist immerhin auf Maria, die Mutter des Jesuskindes, hin.

„Joulumouris" und „Tomtemor"

In Finnland ist die Weihnachtsfrau Joulumouris als Partnerin des Weihnachtsmanns Joulupukki bekannt. Sie kocht für ihn und alle Weihnachtsenglein, -wichteln, -elfen und -zwerge unermüdlich Haferbrei und backt Pfefferkuchen, pflegt die gestressten Rentiere und kümmert sich um das Einpacken der Geschenke.

In Schweden hilft seit etwa 1850 die Tomtemor ihrem Mann Jultomte nicht nur beim Sortieren der Weihnachtspost, sondern ebenso beim Einpacken und Verteilen der Geschenke. Auf Bildern ist sie dargestellt mit einem Korb voll mit Paketen unter dem einen Arm, und in dem anderen trägt sie ein Bündel Reisig. Sie hat eine Brille und Zöpfe und auf dem Kopf eine rote Zipfelmütze. Auch ihre Jacke und das Hemd mit zwei hübschen Knöpfen sind rot, ihr Kleid ist hingegen grau.

Die Deutschen sind vergleichsweise recht konservativ, wenn es um das Weihnachtsfest und die Bescherung geht. Der Nikolaus und der Weihnachtsmann sind hier traditionell männliche Gestalten. Doch mittlerweile stehen hier auch Frauen hinter den Herren der Schöpfung und das nicht nur im „Backoffice" des Nikolaus oder Weihnachtsmannes, sondern auch in sogenannten „Weihnachtspostämtern", wovon es in Deutschland sieben gibt. Sie schuften in Himmelsthür, Himmelstadt, Engelskirchen, St. Nikolaus, Nikolausdorf sowie im niedersächsischen Himmelpforten und im brandenburgischen Himmelpfort. Heute sind es an die 300.000 Briefe, die die „Weihnachtspostlerinnen" zu beantworten haben.

Für manche stellt sich also die Frage, ob hinter dem Weihnachtsmann nicht seit jeher eine Frau steckte, zumindest „undercover".

Die schwäbische Nikoläusin

Aber nicht nur in Amerika und England, Finnland und Norwegen tritt Frau Nikolaus oder die Weihnachtsfrau in Erscheinung, sondern auch in Schwaben, in Lechbruck, und das seit 1969, also seit stolzen 51 Jahren. Es ist Hildegard Einsiedler aus Kempten. Als einst der ursprüngliche Nikolaus, ein Mannsbild, ein neues Gewand bekam, das ihm viel zu eng war, stellte es sich rasch heraus, dass das Kostüm Hildegard Einsiedler wie angegossen passte. Nach anfänglichem Sträuben – „Eine Frau kann doch kein Nikolaus sein!" – ließ sich die Lechbruckerin schließlich überreden, wenigsten einmal vertretungsweise einzuspringen. Doch schon beim ersten Mal wurde sie vom Nikolausfieber gepackt Und deshalb wurde aus dem einen Mal nun schon ein halbes Jahrhundert. 51 Jahre, in denen sie jeweils im Dezember ins Kostüm des heiligen Bischofs schlüpft. Schon vor dem 5. Dezember beginnt sie aktiv zu werden und erst kurz vor Weihnachten endet dann die Nikolaussaison. Früher fuhr sie zu den Einsatzorten in einer von zwei Schimmeln gezogenen Kutsche. Nach dem Tod des Kutschers benutzt sie jetzt das Auto.

Bis zu 40 Privathaushalte besucht sie alljährlich in Lechbruck, Prem und Helmenstein. Dazu kommen seit 37 Jahren auch noch Besuche im Seniorenheim und bei Vereinen. Besonders gern erinnert sie sich an ihre Auftritte im Festspielhaus in Füssen und an ihren Fernsehauftritt beim Bayerischen Rundfunk. Mittlerweile besucht die Nikoläusin bereits die Kinder und Enkel der Kinder, bei denen sie mit 24 Jahren einst begonnen hat. Eigentlich wollte sie nach 50 Jahren ihre Nikolaus-Karriere beenden, doch stattdessen macht die 74-Jährige weiter, solange sie sich auf den Beinen halten kann, wobei sie ihr 79-jähriger Mann Alfred unterstützt, der sie brav als gemütlicher Knecht Ruprecht begleitet.

Die Weihnachtsfrauen kommen!

Heute treten die Frauen längst nicht mehr nur als bessere Hälfte des Weihnachtsmanns auf, sie nehmen nunmehr seinen Platz ein und manche behaupten sogar, dass sie ihn über kurz oder lang auf Platz Zwei verweisen oder gar verdrängen werden.

Alles begann ja ganz harmlos. Auch Weihnachtsmänner brauchen einmal Urlaub, so dachten sich eines Tages ein paar Frauen und folgerten daraus, dass der Weihnachtsmann in einem solchen Fall dann Ersatz bräuchte, damit alle braven Kinder pünktlich zum Weihnachtsfest ihre Geschenke unterm Baum liegen haben. Gesagt – getan! Und das erste Dutzend Frauen schlüpfte in das Weihnachtsmann-Kostüm. Eine jede stopfte sich den Bauch aus, spannte dann einen breiten Gürtel um die Wampe, stülpte sich eine weiße Perücke über den Kopf und darauf die rotgoldene Mütze und schnallte sich einen weißen Rauschebart um. Abschließend schlüpfte die Weihnachtsfrau in einen knallroten Mantel mit weißem Pelzbesatz und in ein paar schwarze Winterstiefel, und vergaß auch nicht das Goldene Buch und ein Glöckchen. Nach dem letzten Feinschliff fieberte sie nun ihrem ersten großen Auftritt entgegen – und hatte Erfolg. Denn zumindest in ihrer Aufmachung unterschied sie sich nicht von den üblichen Weihnachtsmännern. Nur die Stimme war häufig etwas höher.

Als die Nachfrage nach dem Weihnachtsmann immer mehr zunahm, konnten alle Familien nur zufrieden gestellt werden, wenn auch Weihnachtsfrauen aktiv wurden. Bald waren es an die Hundert Weihnachtsfrauen, die sich als gleichberechtigte Kolleginnen des Weihnachtsmanns sahen. Sie gingen in die Familien und Kitas und besuchten Vereine und Firmen. Sie lasen aus den goldenen Büchern vor, sangen Weihnachtslieder und bereiteten vielen Kindern und Erwachsenen eine Freude.

Mit der Zeit wuchs das Selbstbewusstsein der Weihnachtsfrauen, was aber von der Werbung für ihre Zwecke bisweilen missbraucht wurde. So präsentierte schon 1969 eine Blondine in einer „Black & White"-Reklame, verkleidet als Weihnachtsmann, gleichsam sich selbst als Geschenk. Ihr Outfit bestand aus einem Mini-Mantelkleid in rotem Plüsch mit weißem Pelzbesatz an Saum, Ärmeln und Kragen. Auf dem Kopf eine rote Zipfelmütze mit Bommel und die nackten Beine in roten Lackstiefeln. Und 1988 bot ein Deutsches Versandhaus einen Weihnachtskalender mit dem Titel „Sankt Nikolaus' schönste Schätzchen" an, bei dem auf der Titelseite zwei recht offenherzige Weihnachtsfrauen gezeigt wurden. Wegen der großen Nachfrage erschienen in den Folgejahren weitere derartige Kalender mit den Abbildungen zunehmend hüllenloseren Damen. Frauenrechtsorganisationen fanden dies gar nicht witzig. Sie verurteilten eine derartige Darstellung von „Weihnachtsfrauen" zu Recht als frauenfeindlich und sexistisch und forderten die Frauen auf, sich für solche Aktionen nicht herzugeben.

Heute tragen Weihnachtsfrauen natürlich keine Bischofsmütze mehr, verstecken sich auch nicht hinter einem Rauschebart und einem künstlichen dicken Bauch. Vielmehr sind sie mit einer schmucken Haube bemützt, unter der eine silberne Lockenperücke hervorquillt, und an den Händen tragen sie weiße Handschuhe. Das Gesicht bleibt natürlich unbebartet. Lippenstift und Ohrringe sind nicht tabu. Unter einem bodenlangen hübschen roten Rock mit Pelzbesatz schauen auch keine klobigen Stiefel mehr hervor, sondern zierliche Stiefeletten. Gerade auf jüngeres Publikum wirkt ein Weihnachtsmann in voller Verkleidung, mit dickem Rauschebart und dunkler Stimme oft furchteinflößend. Eine hübsche Weihnachtsfrau mit samtiger Stimme weckt hingegen bei schüchternen Kindern sofort Vertrauen. Die Kleinen sollen ja keine Angst vor dem Weihnachtsmann haben, sondern sich freuen.

Wie das Hamburger Abendblatt berichtete muss man bei der Buchung von Weihnachtsfrauen auch etwas tiefer in die Tasche greifen. „Die Preise für eine Weihnachtsfrau liegen an Heiligabend bei 51 Euro pro Bescherung, die männlichen Kollegen gibt es schon ab 36 Euro. Zumeist kämen die Anfragen von Familien, die schon Erfahrung mit der Weihnachtsfrau des Vorjahres gemacht hätten."

Wie man sieht, ist damit eine der letzten Männerbastionen gefallen, die des Nikolaus und Weihnachtsmannes. Die Weihnachtsfrauen sind rapide im Kommen!

„Santa Clara" contra „Santa Claus"

Mit den Jahren wurde eine Frage immer lauter: Warum erhält an Weihnachten nur der Weihnachtsmann die ganze Aufmerksamkeit, wo doch die Mütter und Großmütter die meiste Arbeit machen? Für sie ist die Weihnachtszeit von Stress und Hektik geprägt. Sie bereiten das Weihnachtsfest vor, sie backen die Plätzchen, sie kaufen ein, schmücken den Tannenbaum, besorgen die Geschenke, bringen das leckere Weihnachtsmenü auf den Tisch, gestalten also das Fest mit Liebe und erzeugen so eine wohlige festliche Stimmung. So jedenfalls sieht es in vielen Familien aus. Was also wäre das Weihnachtsfest ohne das Engagement und die Energie, die Frauen in die Vorbereitungen stecken? Doch Jahr für Jahr erntet der Weihnachtsmann die Lorbeeren, obwohl zumindest der Großteil der Weihnachtsvorbereitungen in Frauenhand ist.

„An alle Mütter, Ladies, Weihnachtskekse-Bäcker,
an all die Töchter, Mamas, die Mädchen und Weihnachtsmacher.
Wir alle grüßen euch, Santa Clara ist hier für Gerechtigkeit",

so beginnt der Song „Santa Clara“ der Hamburgerin Emily Roberts, im Original natürlich in Englisch:

„To all the mothers, ladies, Christmas cookie bakers
To all the daughters, mums, the girls and Christmas makers
We all salute you, Santa Clara's here for justice."

Dieser Song ist eine Liebeserklärung an alle Frauen, die fleißigsten aller Weihnachtswichtel, und der alte Santa Claus wird mit den Worten in seine Schranken gewiesen:

„How come that every year a mister gets the fame?
When all the work is done by women in his name?"

„Wie kommt es, dass jedes Jahr ein Herr all den Ruhm erntet, wenn doch Frauen die ganze Arbeit in seinem Namen erledigen?“

Und dann die Forderung: „Es ist Zeit für uns, dieses blöde Spiel der alten Schule zu ändern. Eine ganz neue Ära bricht an und Santa Clara wird regieren.“ Mit ihr erhält Weihnachten ein weibliches Gesicht und Santa Claus wird von Santa Clara abgelöst.

Aber wer oder was ist diese ominöse Santa Clara genau? Sie tritt in einem schicken blauen Cape als cooler Weihnachtsengel als Botschafterin für mehr Frauenlob an Weihnachten ein, hinterfragt die alten Traditionen und verteilt die Rollen neu. Nicht mehr Santa Claus ist an Weihnachten der Star des Abends, sondern eben Santa Clara, womit alle Frauen gemeint sind. Der Ruhm für das Weihnachtsfest geht endlich nicht an die (Weihnachts-)Männer, sondern an die Frauen. Der Santa-Clara-Song ist die Hymne für alle Santa Claras dieser Welt, die an Weihnachten endlich mehr Wertschätzung erfahren wollen und sollen. Auch wenn das den Anhängern der alten Rollenbilder nicht gefällt: Santa Claus war gestern – Santa Clara ist heute! Doch letztlich tritt Santa Clara für ein fröhliches, entspanntes Weihnachtsfest ein, in das alle, also auch die Männer und Kinder, die Alten wie die Jungen, eingebunden sind.

Die First Ladies der Weihnacht

Es gibt drei Frauengestalten, die in der Weihnachtszeit besonders herausragen. Dies sind Maria, die Mutter Jesu, Eva, die erste Frau der Welt und die Frau Percht als Inkarnation aller weihnachtlichen lichten und dunklen Gestalten. Eine jede dieser Frauen protestiert auf ihre Weise gegen all das, was die Menschheit gegenwärtig immer mehr zugrunde richtet: die Zerstörung der Umwelt, das Morden durch Kriege, der Missbrauch von Macht und die unstillbare Sucht nach Geld und Reichtum.

Ohne Gottesmutter Maria geht nichts

Ohne das Jesuskind kein Weihnachten. Ohne Maria kein Jesuskind. Ohne Maria also kein Weihnachten. Das Weibliche ist damit eine wesentliche Bedingung für Weihnachten, oder genauer ausgedrückt: die Mutter Maria spielt an Weihnachten die tragende Rolle, Josef ist an den Rand gerückt.

Betrachtet man Krippendarstellungen, so sitzt Maria, ihr Haupt demütig gesenkt, die Hände oft bescheiden zum Gebet gefaltet, vor der Krippe und blickt unverwandt auf das neugeborene Jesuskind. Sie erweckt den Eindruck einer harmlosen Frau, die sich nicht aufzulehnen wagt. Also eigentlich kein Vorbild für die modernen Frauen und Mädchen von heute.

Doch das ist ein gewaltiger Irrtum, wie der bekannte SZ-Journalist Heribert Prantl betont, der am 22. Dezember 2017 in einem Beitrag von „Weihnachten als Marias heiligem Umsturz" spricht. „Die Frau an der Krippe ist keine demütige Hausfrau", so Prantl. „Sie stellt die Hierarchien in Frage… Diese Maria hat Mut." Zur überzeugenden Begründung seiner Behauptung verweist der Journalist auf das „Magnificat" Marias, das „der revolutionärste aller Lobgesänge" sei.

Was aber ist dieses ominöse „Magnificat", von dem der Evangelist Lukas berichtet? Maria habe wenige Tage, nachdem sie erfuhr, dass sie die Mutter des Gottessohnes werden sollte, ihre Verwandte Elisabeth besucht, von der sie aufs Herzlichste begrüßt wird. Und da geschieht es: Maria stimmt plötzlich einen visionären Lobgesang an, der nach dem Anfangswort der lateinischen Fassung „Magnificat" heißt und der seinesgleichen sucht. „Es ist kein betschwesterliches Gesäusel", versichert Prantl, „es ist das Lied vom heiligen Umsturz. Man muss sich das vorstellen: Die Frau, die schwanger mit dem Heiland geht, kann nicht lesen und schreiben, darf nicht sprechen in der Synagoge. Aber diese Frau erhebt die Stimme und singt das Lied von der göttlichen Revolution:

„Gott zerstreut die Hochmütigen.
Er stürzt die Mächtigen vom Thron
und erhöht die Erniedrigten.
Die Hungernden beschenkt er mit seinen Gaben
und lässt die Reichen leerausgehen."

Diese Maria ist nicht die demütige heilige Hausfrau, zu der die Prediger sie jahrhundertelang gemacht haben. Hier erhebt eine leidenschaftliche, unerschrockene und stolze Maria ihre Stimme zu einem revolutionären Hymnus, der die alten Hierarchien, auch die zwischen Männern und Frauen, infrage stellt." Maria wehrt sich energisch gegen jede Unterdrückung, gegen jede „physische und psychische Gewalt" und prophezeit allen Gewalttätern Vernichtung.

Heribert Prantl scheut sich nicht, zu behaupten, dass es „das Magnificat an Radikalität und Wucht mit dem jungen Karl Marx aufnehmen kann, der verlangte, 'alle Verhältnisse umzuwerfen, in denen der Mensch ein erniedrigtes, geknechtetes Wesen ist'. Nur: Was für Marx Vollendung seiner Kritik an der Religion ist, das ist für Maria Anfang des Glaubens an den Heiland. Was bei Marx die Lehre ist, dass der Mensch das höchste Wesen für den Menschen sei, das ist für Christen die Lehre, dass Gott Mensch wird, in einem obdachlosen Kind."

Maria lässt es nicht zu, dass man sie für eine unterwürfige Gottesmutter hält, was manche oft noch heute den Menschen immer wieder zu suggerieren versuchen, nein, Maria gab schon vor 2000 Jahren allen unterdrückten Frauen und allen tyrannisierten Menschen eine Stimme und übte rücksichtslos Kritik an irdischer Herrschaftswillkür. Sie identifizierte sich mit den Erniedrigten und protestierte „gegen menschlichen Größenwahn – den patriarchalen oder nationalen Größenwahn, den religiösen oder rassistischen.“ Diese Maria erinnert an die vielen Darstellungen, auf denen sie mit einem Kranz aus zwölf Sternen über ihrem Haupt auf einer Mondsichel steht. Sie trägt das Jesuskind auf dem Arm und zertritt mit dem Fuß den Kopf einer Schlange oder einen Drachen, der sich unter ihr windet, und vernichtet damit das Böse.

Maria ist nicht nur die „First Lady“, die Weihnachten zu einem Fest der Frauen macht, sie ist zu Recht „die berühmteste Frau in der Geschichte der Menschheit. Selbst wer nicht viel von ihr weiß, so viel weiß jeder: Sie ist die Mutter des Jesuskindes, die Frau an der Krippe“ und ihr Magnifikat ist, dessen war sich auch Dietrich Bonhoeffer sicher, „das revolutionärste Adventslied, das je gesungen wurde“.

Warum Eva am Heiligen Abend Namenstag feiert

Ausgerechnet am 24. Dezember, also am Heiligen Abend, wird nicht nur die Geburt des Jesuskindes gefeiert, sondern auch an Eva, die Stammmutter der Menschheit, erinnert und damit auch an ihren Partner Adam. Doch was genau haben die beiden mit dem Weihnachtsfest zu tun?

Nach der alten biblischen Erzählung schuf Gott Adam und Eva als erste Menschen und schenkte ihnen die Freiheit, die es ihnen ermöglichte, völlig eigenständig zu handeln. Doch was dann geschah, ist bezeichnend für die ganze Menschheitsgeschichte. Trotz aller Freiheit gab es da ein Gebot Gottes, das sich auf einen Apfelbaum im Paradies bezog. „Von diesem Baum“, so sagte Gott,

„dürft ihr nicht essen, sonst müsst ihr sterben.“ Kurz darauf schlängelte sich ein Gedanke durch den Kopf der ersten Menschen: „Wenn wir aber doch von dem Baum naschen? Vielleicht ist das ja gar nicht unser Untergang, sondern wir werden stattdessen mächtig wie Gott.“ Und schon bissen beide in den Apfel, mit der Folge, dass sie aus dem Paradies vertrieben wurden und sie und alle ihre Nachkommen seither sterblich sind, also sterben müssen.

Auch wenn viele die biblische Erzählung von Adam und Eva nur für ein kindisches Märchen halten, der Kern dieser Geschichte ist auf jeden Fall wahr. Wenn der Mensch alles hat, was er zum Leben braucht, beginnt er, mehr zu wollen und immer mehr. Damals im Paradies war es nur ein Baum, dessen Früchte (in der Tradition: Äpfel) Adam und Eva als einziges verwehrt waren. Aber gerade das machte die Früchte so interessant und Eva und Adam aßen von diesem „Baum der Erkenntnis“, der so hieß, weil sie erkannten, dass statt der erhofften Macht der Biss in den Apfel nicht nur einen bitteren Nachgeschmack, sondern auch den Verlust des Paradieses zur Folge hatte.

Genau das ist auch heute noch der Fall. Der Mensch ist stets aufs Neue mit diesem und jenem nicht zufrieden und tut das, was er nicht soll. Er missbraucht seine Freiheit zu willkürlichem und schädlichem Handeln, auch wenn dabei die Welt zugrunde geht. „Erst wenn der letzte Baum gerodet, der letzte Fluss vergiftet, der letzte Fisch gefangen ist, werdet ihr merken, dass man Geld nicht essen kann“, so eine Warnung unserer Zeit. Doch wieder einmal hören die Menschen nicht darauf. Sehenden Auges überschreiten sie die Gebote der Natur, auch wenn dadurch alles zum Teufel geht.

Erstaunlich, dass Gott Eva und Adam nahe blieb, obwohl sie und ihre Nachkommen stets aufs Neue die Freiheit missbrauchen und die Gesetze der Natur willkürlich verletzen. Noch erstaunlicher, dass Gott dann sogar selbst Mensch wurde, um die gestörte Beziehung zwischen sich und den Menschen wiederherzustellen, auch wenn der Mensch alles tut, um das zu boykottieren. Er richtet die Natur und damit die Welt zugrunde, mordet in Kriegen und jeder denkt nur an Macht und Geld und hält sich für einen Gott.

Darum ist der „Gedenktag Eva und Adam" genau auf den Tag gelegt, an dem das Gotteskind zur Welt kommt. Und seither geht die Geschichte Gottes mit den Menschen weiter, eine spannende Geschichte von Liebe und Hass, Verstehen und Missverstehen, von Glück und Leid, Hoffnung und Scheitern.

Frau Percht mit den zwei Gesichtern

Auch im Brauchtum gibt es eine bedeutende Frau der Weihnachtszeit. Es ist dies die Frau Percht. Jakob Grimm schätzte ihr Alter auf etwa 600 bis 1000 Jahre. Der Name der Frau Percht leitet sich von drei Begriffen her. Zum einen von „perahta, die Leuchtende, Glänzende, Hehre", was Frau Percht als Göttin ausweist. Zum Zweiten von „giperahta naht", was so viel wie „die leuchtende Weihnachtsnacht" bedeutet. Frau Percht tritt danach gleichsam als personifizierter Kalendertag auf. Und zum Dritten von „pergan", bergen, hüllen, begraben, wodurch Frau Percht zu einer Totendämonin wird, der man wie Totengeistern und Armen Seelen Speise und Trank hinstellt. Auch der Name der Frau Holda oder Frau Holle, wie die Percht mit ihrem „guten Namen" heißt, leitet sich nicht nur von hold, freundlich ab, sondern meint auch hüllen, verbergen.

Jakob Grimm weist nach, dass es seit frühesten Zeiten und in sehr vielen Kulturen eine durch die Welt ziehende und in die Häuser einkehrende Erdgöttin und Menschenmutter gab, die sich als weise Frau um Ackerbau und Haushalt, in manchen Gegenden auch um die Schifffahrt kümmerte. Sie sorgte für Ruhe im Land und suchte zu verhindern, dass der Friede durch kriegerische Gottheiten gestört wurde. Sie wachte über Aussaat und Ernte, über das Gedeihen des Viehs, über das Herdfeuer und die Nahrungszubereitung und über das Spinnen, Nähen und Weben von Textilien, kurz: sie gewährleistete den Fortbestand des Lebens. Es verwundert nicht, dass sie sich besonders zu einer Jahreszeit zeigte, in der die Ängste der Menschen um die Weiterexistenz des Leben spendenden Lichtes am größten waren, in der eisigen Winterzeit, wenn die Sonne tagtäglich tiefer stand und alles Lebendige für immer abzusterben drohte. Hier konnte nur eine helfen, die Erdmutter, die mit den Himmlischen in Verbindung stand und die Fruchtbarkeit und Leben sicherte. Jenen, die ihr dabei tatkräftig halfen, war sie wohl gesonnen. Wer aber gegen die Gesetze der Natur handelte und sich von der Arbeit drückte, dem begegnete sie strafend.

Als Erdgöttin gebar Frau Percht nicht nur alles Leben, sie nahm es auch wieder in sich auf, wenn die Verstorbenen in sie gebettet wurden. Deshalb war sie zugleich auch Totengöttin. Aus diesem Grund wies Frau Percht von Anfang an zwei Gesichter auf, ein schönes und ein schreckliches. Da bekanntlich nicht alle Menschen freundlich, fleißig und anständig sind, ist ihnen Frau Holda mitunter gar nicht hold gesonnen. Dann zieht sie andere Seiten auf und zeigt als Berchta ein verzerrtes Gesicht, wodurch sie schlechten Menschen gleichsam deren Spiegelbild vor Augen hält. Sie tritt als bösartige, wilde Hexe auf, als Eisenperta oder Schnabelpercht, uralt und potthässlich mit einer eisernen, langen Adlernase und großen Zähnen im schiefen Maul. Wirr stehen ihr die struppigen und zottigen Haare vom Kopf. Ihr Fetzenkleid ist grau und zerlumpt. Darunter lugt ein Echsen- oder Drachenschwanz hervor, den sie zu verbergen sucht. Ihr Reich ist unter der Erde, wo ihr die Unterirdischen dienen. Mit einem Klumpfuß, dem sogenannten „Platschfuß“, stampft sie wie ein Trampel daher, ängstigt die Bösen, weckt aber, gleichsam als positive Nebenwirkung, mit jedem der stampfenden Tritte die Lebensgeister der Pflanzen und Wurzeln in der Erde.

In den Zwölfernächten braust Frau Percht zwischen Weihnachten und Heilige Drei Könige mit ihrem Wagen durch die Welt, um nachzusehen, ob überall Haus und Hof in Ordnung sind. Sie schließt sich dabei gerne der wilden Jagd an, wobei der Begriff „Hollefahren" an „Höllen- und Hexenfahrt" erinnert. Gelegentlich reitet sie auch auf einem weißen Schimmel oder auf einem wilden Eber, was ihr männliche Züge verleiht.

Nähert sich die wilde Berchta einem Haus, verheißt das nichts Gutes, es sei denn man macht sie sich wohlgesonnen. Fischgerichte, Mehlspeisen, Gemüse und Hafergrütze mag sie als Gebieterin über Felder, Gärten und Seen besonders, auch sogenannte „Zemmede", worunter Pfannkuchen aus Mehl, Milch und Wasser zu verstehen sind. Von den Gastgebern fordert sie nicht nur, dass solche Speiseopfer für sie bereitgestellt werden, sondern auch, dass diese genau die gleichen Gerichte selbst zu sich nehmen. Essen die Leute etwas anderes, empfindet sie das als widerspenstig. Sie schneidet ihnen kurzerhand die Bäuche auf, entfernt die unrechte Nahrung, füllt den Leib mit Heckerling, Wirrbüscheln oder Backsteinen und näht dann die Schnitte mit einer Pflugschar statt mit einer Nadel zu. An Stelle des Zwirnfadens benutzt sie eine Eisenkette. Eine ähnliche Prozedur erleiden auch schlampige Dienstboten, denen sie in die aufgeschlitzten Bäuche den liegengelassenen Kehricht hineinstopft. Wer Glück hat, wird von ihr nur an den Haaren gerissen. Das Bauchaufschlitzen bringen Ethnologen mit primitiven Initiationsriten in Zusammenhang, also mit urtümlichen keltisch-germanischen Einweihungs- und Aufnahmeritualen. Vielleicht aber gab es damals wie noch heute zur Weihnachtszeit einfach vermehrt verdorbene Mägen. Frau Percht vergisst auch nicht, sich nach faulen Spinnerinnen umzusehen. Ihnen verwirrt sie den Rocken, besudelt ihn mit Unrat oder zündet ihn sogar an. „Die wilde Berta", notierte Jakob Grimm drastisch, „wischt den Arsch mit dem ungesponnenen Flachs aus." Mitunter schaut sie durch die Fenster und reicht den Mägden leere Spulen, wobei sie fordert, dass sie vollgesponnen sein müssen, wenn sie in Kürze wieder vorbeikäme. In panischer Angst lassen sich die Mädchen allerhand einfallen. So umwickeln sie die Spulen etwa mit Werg und spinnen nur die letzten Meter darüber, so dass es aussieht, als wäre die ganze Spule voll. Frau Percht lässt sich gelegentlich täuschen, aber natürlich nicht immer. Dann übt sie grausame Rache. So wickelt sie das nicht abgesponnene Werg um den Arm der Schuldigen und zündet es an. Wer sich ihr widersetzt oder freche Antworten gibt, den bläst sie an, worauf die vorlaute Person erblindet. Wer in den Zwölfernächten flickt oder spinnt, dem dreht sie den Hals um. Mädchen, die in diesen Nächten ausgehen, packt die Percht und verschleppt sie. Nach altem Glauben spinnt sie selbst in den Raunächten aus dem Flachs, den sie im Harz auf dem Brocken findet, ein Netz, mit dem sie als Totengöttin alle im kommenden Jahr Sterbenden einfängt. Mit solchen Geschichten gelang es früher, vor allem das Dienstpersonal zu Zucht und Ordnung anzuhalten.

In der Nacht auf Heilige Drei Könige, der sogenannten „giperahta naht", der leuchtenden Nacht, die bereits um das Jahr 1000 in einem Mondseer Glossar erwähnt wird, treiben es Frau Percht und ihre Jünger besonders wild. Schon um 900 klagte ein Mönch aus dem Kloster Attel am Inn, dass heute die Burschen nicht dem Herrn dienten, sondern dem Teufel. Lieber gingen sie zum Tanz als in die Kirche und sie lernten eher von der Göttin Perchta zu singen, als „Ave Maria" zu beten. In der Giperchtennacht werden der Percht vorsorglich besonders fette Kuchen oder Schmalznudeln gebacken, von denen auch alle Hausbewohner essen. Dazu reiben sie die Küchenmesser und ihre Bäuche mit Fett ein, so dass Frau Percht, sollte sie beabsichtigen, jemandem den Bauch aufzuschlitzen, mit dem Messer an der glitschigen Oberfläche abrutschen würde. Immer wieder wurden Frau Bertha auch Blutopfer dargebracht, vor allem Schweine, die als Symbole der Fruchtbarkeit galten. Wegen ihrer Wühltätigkeit standen diese Tiere außerdem in unmittelbarer Beziehung zu Unterwelt der Frau Percht.

Holda und Bertha sind ein und dieselbe Erscheinung, also gleichsam die zwei Seiten einer Medaille. Deshalb wurde früher die beiden Namen zu „Hildaberta“ oder „Bildaberta“ zusammengezogen. Es verwundert daher nicht, dass diese eigentümliche Doppelgesichtigkeit auch alle anderen Gestalten der Weihnachtszeit aufweisen. Wie schon erwähnt, kennt man neben der anmutigen Hl. Barbara beispielsweise in Oberfranken beim Brauch des „Bärbelilaufens“ in Fetzen gekleidete, hässlich maskierte junge Mädchen oder Burschen und in Sonthofen lärmende und Rutenstreiche verteilende Wildbärbelen. Den schönen heiligen Nikolaus begleiten bedrohlich aussehende Krampusse, Buttnmandl, Pelzmärtels und Klaubaufs. Der Lichter tragenden heiligen Lucia steht, wie wir gesehen haben, im süddeutschen Raum die „schiache Luz“ gegenüber, eine Hexe, die Sichel schwingend Kinder verfolgt. Als Gegenstück zum braven heiligen Thomas findet man in Niederbayern noch heute den „bluadign Thamerl“, der in der Thomasnacht mit seiner blutbesudelten Kleidung Schrecken verbreitet. Den Widerpart zu den Weihnachtsengeln stellen Hexen und teuflisch aussehende Unholde dar, wie sie in der Wilden Jagd in den dämonischen Zwölfernächten mittoben. Selbst zu den unschuldigen Schafen der Krippenlandschaften gibt es in Bayern ein Gegenstück. Es ist dies die schreckliche Haberngoaß, eine ohrenbetäubend kreischende und Unheil bringende Monsterziege. Als Kehrseite der Heiligen Drei Könige gilt nach wie vor der Kinder mordende König Herodes, woran am 28. Dezember, dem Tag der Unschuldigen Kinder, erinnert wird. Und sogar ins neue Jahr knüpft Frau Percht ihre Verbindungen, denn bereits der römische Gott Janus, der dem Januar seinen Namen gab, war der Gott der Tordurchgänge, des Ein- und Ausgangs einer jeden Sache, weshalb er zwei Gesichter trug, von denen eines, das männliche, rückwärts, das andere, schöne, weibliche, nach vorne blickte, zum Zeichen für Anfang und Ende, für Tod und Wiedergeburt. All diesen Doppelgestalten liegt in unseren Breitengraden Frau Percht zugrunde. So gesehen ist die

Percht als „Frau Welt“ tatsächlich eine „Frau von Welt“.

Das heute vielfach stattfindende Treiben der Perchtenbünde stellt vor diesem Hintergrund einen heidnischen Brauch mit uralter Tradition dar, wobei bei Perchtenläufen seit jeher Frau Percht die Zentralfigur war. „In Holzoberndorf in Oberfranken“, so berichtet Jakob Grimm, „macht ein Bursch die Eisenberta, indem er eine Kuhhaut überzieht und eine Schelle in die Hand nimmt. Gute Kinder beschenkt er mit Nüssen und Äpfeln, böse straft er mit der Rute.“ Die von Jakob Grimm beschriebene Doppelgesichtigkeit ist auch noch heute bei Perchtenumzügen zu beobachten. So trägt Frau Percht als Anführerin eine Doppelmaske, auf deren Vorderseite ein hübsches, freundlich lächelndes Frauengesicht zu sehen ist. Es ist von einem Strahlenkranz umgeben, der sie als die Glänzende, Leuchtende ausweist. Über den vorderen Teil des meist blauen Gewandes wallt ein weißer Schleier. Wendet sich die Figur um, blickt man in ein hässliches Hexengesicht mit schiefem Maul, in dem besonders die großen Zähne auffallen, außerdem eine Hakennase aus Eisen, krumm wie der Schnabel eines Adlers. Die Haare auf dem Kopf, die auf der Vorderseite Sonnenstrahlen darstellen, wandeln sich auf der Rückseite in eine zottige, struppig abstehende Mähne. Unter dem zerlumpten, grauen Fetzenkleid schaut bisweilen ein echsenartiger Schwanz hervor, außerdem ein eisenbeschlagener Klumpfuß. Begleitet wird Frau Percht immer von einem Heer von Schönperchten und von Schiachperchten. Durch den bei den Umzügen produzierten anhaltenden Lärm und das Höllenspektakel sollen die bösen Geister ausgetrieben werden, und mit den stampfenden Schritten beabsichtigen die Jünger der Frau Percht, bei Tieren, Pflanzen und im Ackerboden die Fruchtbarkeit anzuregen.

Wie man zu solchen Bräuchen auch immer stehen mag, vielleicht gelingt es durch sie mitunter, die oft beklagte Entfremdung des Menschen von der Natur ins Gegenteil zu verkehren und erneut eine positive Beziehung zur Umwelt und zu allen kosmischen Kräften aufzubauen.

Brauchtums-erfinderinnen

Früher waren die Tage im Advent eine ruhige Zeit. Statt Weihnachtsfeiern und Glühwein auf Weihnachtsmärkten, statt der Jagd nach Weihnachtsgeschenken war der Advent noch eine Zeit des Fastens und bot die Möglichkeit, das zu Ende gehende Jahr zu überdenken und sich zu fragen, was man gut gemacht hat und was schlecht gelaufen ist. Es war eine Zeit der Einkehr und der Vorbereitung auf die Geburt des Christkinds. Heute verbinden Menschen mit dieser Phase aber primär Einkauf und Konsum. Wie heute für Frauen vielfach die Tage im Advent aussehen, beschreibt das Gedicht:

Frauen-Advent

Advent, Advent, die Mutter rennt,
sie füllt als Süßigkeitenspender
die Säckchen am Adventskalender,
flicht den Adventskranz mit Geschick,
befestigt Kerzen drauf – vier Stück,
bestellt danach den Nikolaus
für Klein und Groß zu sich nach Haus,
eilt in die Küche und backt Plätzchen
für alle ihre lieben Schätzchen,
dazwischen dann im Dauerlauf
stellt sie auch schon die Krippe auf,
zum Einkauf flitzt sie in Geschäfte,
geht das auch über ihre Kräfte,
kauft alles ein, was wichtig ist
für's Fest, dass sie nur nichts vergisst,
sie schmückt den Christbaum wunderfein,
packt nebenbei Geschenke ein,
für Opa, Oma, Kinder, Mann
und plant das Festmenü sodann,
ist sie vom Stress dann ganz benommen,
kann endlich auch das Christfest kommen,
was nun abgeht, gibt ihr den Rest,
doch tapfer seufzt sie: „Frohes Fest!"

Gegen einen derartigen Advent lehnen sich Frauen immer öfter auf und einige kreierten kurzerhand den Brauch des „Frauen-Advents", bei dem sie allein entscheiden, was die 24 Dezembertage für sie bedeuten und wie sie diese Phase deshalb verbringen wollen.

Frauen-Advent

Um von den üblichen Anforderungen an den Vorweihnachtstagen nicht mehr überrollt werden zu können, ziehen sich die Frauen beim Brauch „Frauen-Advent“ in ein Meditationszentrum, Exerzitienhaus oder Kloster zurück und machen sich dann, Tag um Tag, auf den Weg zur Krippe. Wie diese Tage der Besinnung verlaufen können, schilderte eine Frau einmal so:

„Am 1. und 2. Tag habe ich mich aufgemacht,
ohne zu wissen, was mich erwartet. Und ich wurde ruhig.
Am 3. und 4. Tag habe ich eine Sehnsucht
verspürt und versuchte herauszufinden, wonach.
Am 5. und 6. Tag nahm ich Kontakt zu Fremden auf,
die vielleicht zu Weggefährten werden könnten.
Am 7. und 8. Tag schwieg ich, horchte in mich und
hörte den anderen zu.
Am 9. und 10. Tag klopfte ich irgendwo an,
auch auf die Gefahr, abgelehnt zu werden.
Am 11. und 12. Tag erlebte ich das
Dunkel der Nacht und entdeckte meinen Stern.
Am 13. und 14. Tag habe ich Ruheplätze
gesucht und neue Kraft getankt.
Am 15. und 16. Tag habe ich alle meine Sinne geöffnet, um mich
selbst zu spüren, und machte bisher unbekannte Erfahrungen.
Am 17. und 18. Tag suchte ich mit Menschen, die sich auf dem
gleichen Weg befanden wie ich, ins Gespräch zu kommen.
Am 19. und 20. Tag machte ich eine Reise
nach innen und entdeckte mich neu.
Am 21. und 22. Tag lauschte ich der Botschaft der Engel
und vertiefte mich in deren Gedanken.
Am 23. Tag habe ich die Krippe gesucht und fand Frieden in mir.

Am 24. Tag trat ich gestärkt den Heimweg an
und feierte das Weihnachtsfest.

Der Brauch 'Frauen-Advent'", so versicherte die Frau, „ist eine feine Sache, den ich nicht nur allen meinen Kolleginnen empfehlen kann. Es ist schön, den eigenen Sehnsüchten nachzuspüren, neue Schritte zu wagen und Ruhepausen zu genießen. Dann fühlen wir, wie Friede in unser Herz und unseren Geist einzieht und uns verändert. Und dann kann auch Weihnachten kommen."

Den Adventskalender erfand eine Frau

Wer hat eigentlich den Adventskalender erfunden? Natürlich eine Frau! Wie es heißt, quälte der schwäbische Pfarrerssohn Gerhard Lang (1881-1974) in der Kindheit seine Mutter jeden Abend mit der Frage, wann es denn endlich Weihnachten sei. Weil Mama Lang keine Lust hatte, täglich die gleiche Frage zu beantworten, bastelte sie für ihren Sohn einen Adventskalender. Sie besorgte sich kleine Schachteln, versah sie mit Nummern und verpackte in ihnen je ein Stück Gebäck. Gerhard durfte nun jeden Tag eine Schachtel öffnen und ihren Inhalt essen. So wusste er nun immer, wie viele Tage es noch bis zum Fest waren. Später wurde Gerhard Teilhaber einer Druckerei und erinnerte sich wieder an die Idee seiner Mutter. 1908 ließ er dann den ersten Adventskalender drucken. Er bestand aus 24 Bögen mit Bildern zum Ausschneiden und 24 Bögen mit Feldern zum Aufkleben. 1920 erschien dann der erste Kalender mit Türchen zum Öffnen, den es ohne Frau Lang nicht gegeben hätte.

Es sind auch Frauen, die Adventskalender ganz besonders lieben. Jeden Tag ein neues Türchen öffnen, jeden Tag Weihnachten ein Stückchen näherkommen – ein Adventskalender lässt nicht nur Kinderherzen höher schlagen, sondern auch Frauenaugen strahlen. Weil das die Hersteller von Adventskalendern wissen, bieten sie speziell für Frauen immer mehr Kalender-Varianten an. Da gibt es einen „Schmuck-Adventskalender" mit Modeschmuck, einen „Gesunden Adventskalender" mit 24 veganen Leckereien oder einen „Tee-Adventskalender" mit 24 edlen Teesorten und Teemischungen, auch einen „Gewürz-Adventskalender" mit 24 feinen Gewürzen, natürlich auch einen „Schokoladen-Adventskalender" und sogar einen „Kosmetik-" und einen „Nagellack-Adventskalender".

Zu den schönsten Adventskalendern, die einmal eine Frau erhielt, gehörte ein ganz schlichtes, kostengünstiges, aber höchst kreatives Exemplar. Es war eine einfache, selbst gebastelte Pappschachtel mit 24 Fächern darin. Als die damit Bedachte am 1. Dezember das erste Fach öffnete, entdeckte sie nicht etwa Schokolade oder ähnliches, sondern eine Nachricht: „24 gute Gründe, warum ich dich liebe". Der Gestalter dieses Adventskalenders war also in sich gegangen und hatte darüber nachgedacht, warum er seine Frau schon 24 Jahre lang trotz aller Unterschiede liebte wie am ersten Tag. 24 Tage lang konnte die mit diesem Adventskalender Bedachte nun an jedem Morgen im Dezember einen Grund lesen, warum sie von ihrem Partner geliebt wurde und weshalb der gerne mit ihr zusammenlebt.

Die Adventsmütterchen

In Ostpreußen gab es früher den schönen Brauch, dass als Vorboten des Weihnachtsmanns Adventsmütterchen zu den Kindern kamen. Auch in Elbing in der polnischen Woiwodschaft Ermland-Masuren nahe der Ostseeküste im früheren Westpreußen, machten sich am ersten Adventssonntag derartige Adventsmütterchen auf den Weg und gingen bis Weihnachten von Haus zu Haus. Auf dem Kopf hatten sie schwarze Kopftücher und darauf einen breitkrempigen Strohhut, der von einem unterm Kinn gebundenen Schal gehalten wurde. Sie hatten eine Schürze umgebunden und über die Schultern weiße Laken gelegt. Am Arm trugen sie einen großen Deckelkorb aus geflochtener Weide, in der einen Hand ein Glöckchen und in der anderen eine Sammelbüchse.

Die Adventsmütterchen gingen in die Häuser, wo schon die Familien mit den Kindern warteten, bis das Glöckchen ertönte. Die Mütterchen fragten dann: „Seid ihr auch immer artig gewesen? Könnt ihr auch beten und singen?“ Nachdem die Kleinen ein Gebet gesprochen und Lieder gesungen hatten, durften sie sich etwas wünschen, und die Adventsmütterchen versprachen, dass einige Wünsche sich erfüllen würden.

Man lud die Adventsmütterchen zum Essen ein, legte ihnen Gaben in den Korb und warf ein Scherflein in die Sammelbüchse. Zu Weihnachten wurde dann das Gesammelte unter den alten Menschen in den Hospitälern verteilt. Eines Tages wurde diese alte Sitte zum Leidwesen der Adventsmütterchen mit der Begründung abgeschafft, diese Arbeit sei zu schwer und es sei zu kalt für sie. Aber abgeschaffte Bräuche können ganz einfach auch wieder eingeführt werden.

Fatschnkindl-Schwestern

Es sind Frauen, die seit jeher eine besonders herzliche Beziehung zum Jesuskind haben. Schon in alter Zeit waren es Klosterschwestern, die ein solches wächsernes Jesulein in ihren bescheiden eingerichteten Zellen aufbewahrten. Wenn sie ins Kloster eintraten, bekamen sie, die ja auf Kinder verzichteten, von den Verwandten ein solches Gotteskindl geschenkt. Man nannte es „Fatschnkindl", da es in breite Stoffbänder „gefatscht", also eingewickelt war.

Solche Fatschnkindl wurden von Klosterschwestern aufwendig geschmückt, da sie das aus Wachs geformte Jesulein nicht nackt und bloß belassen wollten. Sie hüllten das lebensgroße Kindl in ein prachtvolles Seidengewand, zogen über die Füße Schühchen, bestickt mit Pailletten und besohlt mit weichem Leder und setzten dem Kindl auf den Kopf ein feines Häubchen. Umhüllt mit sogenannten Fatschenbändern aus Silberlamé legten sie es auf ein seidendrapiertes Bettchen. Verziert war die Hülle mit silbernen Medaillen und wertvollen Ketten und Ringen. Unendlich viel Handarbeit erforderte so ein mit Gold- und Silberdraht, Halbedelsteinen, Perlen, Seide, Brokat und Samt verziertes Fatschnkindl, zu dem die Klosterfrauen eine tiefe, emotionale Bindung hatten, was auch in den Namen „Herzenskind", „Seelenkind" oder „Seelentröster" zum Ausdruck kam. An Weihnachten herzten und wiegten sie das Kindl mütterlich, als wäre es ihr eigen Fleisch und Blut. Das Jahr über wurde es in eigens hergestellten Kästchen, Glashäuschen oder Schreinen aufbewahrt, die vergoldet und mit Samt und Seide ausgeschlagen waren.

Das älteste erhaltene, in Windeln eingeschnürte „Fatschnkindl" stammt aus dem Jahr 1344. Das berühmteste ist noch heute in München zu sehen. Es ist das „Augustiner Gnadenkindl", das am 18. April 1817 auf Veranlassung des damaligen Kronprinzen Ludwig dem Bürgersaal übergeben wurde und das bis heute alljährlich von Weihnachten bis Lichtmess am Hochaltar ausgesetzt wird. Der Legende nach soll dieses Kindl in der Münchner Augustinerkirche einem Pater einmal aus den Händen geglitten und auf dem Boden zerschellt sein. Auf wundersame Weise war es aber wieder heil, als man es beim nächsten Weihnachtsfest hervorholte. Seitdem war es in München als Gnadenbild derart beliebt, dass sich viele Münchner Bürgerfamilien eine Kopie davon anfertigen ließen.

Lange vor dem Christbaum wurde so ein Fatschnkindl schon in der Adventszeit im Herrgottswinkl aufgestellt und war der Mittelpunkt des Heiligen Abends. Meist in einem Glasschrein geschützt oder sonst schön eingebettet, war dies die erste Form einer Krippendarstellung.

Christstollen-Bäckerinnen

Da sich nicht jede Familie so ein wertvolles Fatschnkindl leisten konnte, kamen Frauen auf die Idee, sich eine solches Fatschnkindl einfach zu backen, das sie dann vor Liebe sogar „auffressen" konnten, und so entstand der Christstollen, das vielleicht populärste Weihnachtsgebäck. Die Form des Christstollens, die durch das beiderseitige Einschlagen des Teiglings entsteht, versinnbildlicht dabei die Windeln, in die das Jesuskind gewickelt ist. Auch der weiße Überzug aus Puderzucker unterstützt diese Vorstellung. Damit gehört der Stollen zu den Gebildebroten, wie man die Gebäcke bezeichnet, die bestimmte symbolische Formen oder Figuren darstellen. Schmückte man die Fatschnkindl aus Wachs mit wertvollsten Preziosen, so verwendete man beim Backen des Stollens vielerlei hochwertige Zutaten, außerdem aber auch viel Zeit und Geduld.

Manche Frauen zelebrieren das Backen des Christstollens förmlich, hacken als erstes Nüsse, Mandeln, Orangeat und Zitronat klein und vermengen es mit Rosinen, Wasser und einem Schuss Rum. Die Mischung lassen sie über Nacht zugedeckt im Kühlschrank ziehen. Dann bereiten sie aus lauwarmer Milch, Vanillezucker, etwas Mehl und frischer Hefe einen Vorteig zu, den sie an einem warmen Ort gehen lassen. Nun geben sie das restliche Mehl sowie Milch, Butter, Eier und eine Gewürzmischung aus Muskat, Kardamom, Piment und Zimt hinzu – auch Anis, Koriander, Vanille und Zitrone findet gerne Verwendung – und verkneten alles aufs Sorgfältigste. Sind die eingeweichten Früchte untergehoben, benötigt der Teig eine weitere Ruhepause. Endlich kann auf einer mit Mehl bestreuten Arbeitsfläche ein Laib geformt und die eine Teighälfte auf die andere gelegt werden, wodurch die typische Stollenform entsteht. Nach erneutem Gehen kommt das Gebäck in den auf 210 Grad vorgeheizten Ofen. Zehn Minuten später wird die Hitze auf 180 Grad reduziert und der Stollen weitere 30 bis 40 Minuten gebacken. Wenn er aus dem Ofen kommt, pinselt man ihn rundum mit zerlassener Butter ein und bestäubt ihn nach dem Abkühlen mit Puderzucker. So trocknet der Stollen nicht so schnell aus. Das volle Aroma erreicht er erst nach mindestens einer Woche Reifezeit. Frauen wissen auch, dass ein Stollen saftiger bleibt, wenn man ihn in der Mitte anschneidet und danach wieder zusammenschiebt. Eingewickelt in ein Leinentuch und an einem kühlen, dunklen Ort aufbewahrt, ist der Christstollen die gesamte Weihnachtszeit über haltbar.

Die Stutenfrauen kommen

In der Uckermark kamen in der Adventszeit auch die sogenannten „Stutenfrauen“ zu den Kindern und brachten ihnen „Stuten“ mit, ein schmackhaftes kompaktes Hefegebäck.

Die weiß gekleidete Stutenfrau wurde von einem Schimmel und einem Bären begleitet, dazu von den drei Witten (Weißen), eine Mischung aus Engeln und Spukgestalten. Den Schluss des Zuges bildeten die drei Swatten (Schwarzen), die den Schnee und den hinterlassenen Kehricht wegfegten. Vor ihnen sprangen die Kinder ganz schnell zur Seite, denn wenn sie sich von den Besen erwischen ließen, wurde ihnen nach altem Aberglauben das Glück weggekehrt.

Die örtlichen Bäcker schickten die Stutenfrauen mit großen Körben von Haus zu Haus, um „Stuten", aber auch Lebkuchen und verschiedenes Weihnachtsgebäck zu verkaufen. Die „Stuten" in den Körben waren mit Leinentüchern abgedeckt. Bei den oft winterlichen Temperaturen war das Ziehen der Schlitten mit den großen Kuchenkörben oft recht mühevoll.

Krippen-Polsterinnen

Es waren vermutlich Frauen, die das „Krippenpolstern" oder das „Krippenfüllen" während der Adventszeit erfanden. Dieser Brauch entstand aus Mitleid mit dem Jesuskind, das in einem kalten Stall zur Welt kam und frierend in einer ärmlichen Futterkrippe lag. Dagegen wollten die Frauen einfach etwas tun, zumindest symbolisch.

Sie stellten deshalb am ersten Adventssonntag in der guten Stube eine übliche Futterkrippe auf, die noch völlig leer war. Jedes Familienmitglied wurde eingeladen, vom 1. bis zum 24. Dezember täglich einen Getreidestrohhalm in die Krippe zu legen. Den Kindern sagten die Mütter, dass sie für jede gute Tat, die sie in der Adventszeit vollbringen würden – also z.B. im Haushalt helfen, ohne zu murren, oder sich freundlich zu den Geschwistern verhalten oder hilfsbedürftigen Nachbarn einen Gang abnehmen und ähnliches –, einen Strohhalm zusätzlich in die Krippe legen durften. War ein Kind hingegen ungezogen gewesen, musste es statt des Strohhalms einen kleinen Stein in die Krippe legen. Das Christkind hätte hart liegen müssen. Da dies aber kein Kind wollte, bemühte es sich, am nächsten Tag besonders brav zu sein, um den Stein durch einen Halm ersetzen zu dürfen.

Je reichlicher die Krippe am 24.12. dann mit Strohhalmen ausgepolstert war, desto weicher würde das Jesuskind in der Krippe liegen. Am Heiligen Abend wurde dann die lebensgroße Figur eines Christkindes aus Holz oder Wachs feierlich in die Krippe gebettet und davor das eine oder andere Weihnachtslied gesungen, so etwa:

Ich steh' an deiner Krippe hier, o Jesu, du mein Leben;
ich komme, bring' und schenke dir, was du mir hast gegeben.
Nimm hin, es ist mein Geist und Sinn,
Herz, Seel' und Mut, nimm alles hin
und lass dir's wohl gefallen.

Dieser Brauch des Krippenpolsterns, der noch heute in einigen Alpengegenden zu finden ist, sollte Klein und Groß wenigstens in der Vorweihnachtszeit zu einem freundlichen und hilfsbereiten Umgang in Familie und Nachbarschaft anregen.

Kindlwiegen

Auch der Brauch des Kindlwiegens wurde durch Frauen angeregt. In den Alpenländern wurde er bereits im frühen Mittelalter vor allem auch in den Kirchen geübt, in denen eine Holzwiege aufgestellt war, in der eine lebensgroße Figur des Jesuskindes aus Wachs oder Holz lag.

Entstanden ist der Brauch aus dem Bedürfnis der Frauen, der Gottesmutter Maria und Josef bei der Pflege des Gotteskindes hilfreich zur Seite zu stehen. Und das konnte man vor allem dadurch, dass man das Neugeborene in den Schlaf wiegte. So wie Maria und Josef, begleitet vom Gesang der Engel, das Kindlein wiegen, so wollte man es auch machen. Aus dem Jahr 1511 stammt ein Wiegenlied, in dem Maria den heiligen Josef einlädt:

Josef, lieber Josef mein,
so hilf mir wiegen das Kindelein,
Gott, der will dein Lohner sein,
im Himmelreich der Jungfrau Maria.

In früherer Zeit wurde alle Jahre nach der Mitternachtsmette am Heiligen Abend das Kind zum ersten Mal gewiegt. Danach wurde das Kindlwiegen an allen Sonn- und Feiertagen bis auf Lichtmess am 2. Februar wiederholt. Vor allem in Frauenklöstern, so etwa im Clarissinnenkloster in Brixen um 1870, wurde dieser innige Brauch rege gepflegt. Das folgende Lied stammt aus dem Jahr 1619:

Lasst uns das Kindlein wiegen, das Herz zum Kripplein biegen.
Lasst uns im Geist erfreuen, das Kindlein benedeien:
„O Jesulein süß, o Jesulein süß.“

Neben dem Schaukeln einer Christkindfigur in der Wiege durften Kinder mit ihren Müttern auch um die Wiege herumtanzen und dabei Weihnachtslieder singen.

Coole Gabenbringerinnen

Wer bringt an Weihnachten eigentlich die Gaben zu den Kindern? Sind das vorrangig männliche Wesen oder gibt es da nicht auch Gabenbringerinnen? Viele sind sich sicher, dass es sich um Männer handelt, so um den Nikolaus, den Heiligen Christ und den Weihnachtsmann. Aber werden nicht auch wunderliche Legenden und Geschichten erzählt, die von weiblichen Gestalten sprechen, die in alten Zeiten die Kinder zu Weihnachten bescherten?

Frau Holle

In vielen Gegenden Deutschlands schlich zur Weihnachtszeit eine seltsame Frauengestalt durch die stillen Dorfgassen. Sie klopfte an die Türen der Häuser und erhielt überall Einlass. Es war Frau Holle, die entweder vor oder nach dem Christkind kam, auch gemeinsam mit ihm oder gar an dessen Stelle.

Eine Göttin namens Hludana verehrte man schon im 2. Jahrhundert. Als Holda oder Holle stellt sie ein himmlisches, holdes, strahlendes Wesen dar, das den Menschen freundlich und hilfreich begegnet. Bereits der Geschichtsschreiber Walahfried Strabo, der 849 starb, erwähnte eine „Frau Holla". Das Reich dieser Gestalt sind Seen und sie hält sich in Brunnen auf, wie auch das alte Märchen von Frau Holle zu berichten weiß. Wie in dieser Geschichte gelangen Sterbliche durch den Brunnen in ihr Reich, in dem sie als alte, strenge Frau auftritt. Die fleißige Marie belohnt sie mit Gold, die faule aber besudelt sie zur Strafe mit Pech.

Im Märchen gilt sie auch als Bringerin des glänzenden Schnees, der Fluren und Saaten in der kalten Jahreszeit schützend bedeckt. Wenn sie es schneien lässt, schlägt sie ihr weißes Gewand weit auseinander, schüttelt ihre Betten aus oder „pflückt die Gänse", so dass die gerupften Federn gleichsam als Flocken zur Erde fallen. Sie ist Hüterin des Flachsbaus und Beschützerin der Spinnerinnen. Frau Holda liebt Musik und Gesang. Ihrer lichten Gestalt entspricht ein ansprechendes Äußeres. Sie ist eine junge schöne Frau mit wallendem Goldhaar. Ihren Leib, der weiß wie Schnee ist, verhüllt ein himmelblaues Kleid, ihr Gesicht ein weißer Schleier. Jakob Grimm wagt hier sogar den Vergleich mit der Gottesmutter Maria.

Fleißige Mädchen lassen in der Adventszeit alle Spinnrocken stehen, um ihre Tüchtigkeit zur Schau zu stellen. Haben sie bis zum Dreikönigstag den Flachs abgesponnen, schenkt ihnen Frau Holda

Spinnräder und Spindeln und spinnt ihnen nachts sogar weitere Spindeln voll. Über tüchtige Menschen ergießt sie reichen Segen und verleiht ihnen eine Fülle irdischer Güter, was an den weihnachtlichen Brauch des Schenkens denken lässt. An Weihnachten und in den zwölf Nächten danach darf sich aber kein Spinnrad drehen. Immer wieder fährt Frau Holda mit ihrem Wagen bei Bauern oder Wagnern vor, um sie zu bitten, mit einem Pflock die Deichsel ihres Wagens zu verkeilen oder ihren Pflug zu reparieren. Die anfallenden Hobelspäne verwandeln sich nach der Abfahrt als Dankesgabe in Goldspäne. Diese gütige, alte Dame war besonders auch Kindern zugetan. So wurden die Kleinen früher am 6. Dezember statt vom Nikolaus von der Frau Holle beschenkt.

Frau Holle trat aber auch als einfache Bäuerin auf, bekleidet mit einem Rock aus groben Leinen und einer gemusterten Schürze, an den Füßen klobige Bergschuhe. Sie roch nach Stall und Erde und trug einen Reisigbesen mit sich. Sie besuchte die ganze Familie, Kinder und Erwachsene, aber auch die Tiere und sah nach, ob alle im Einklang mit der Natur lebten. War dies der Fall, hielt sie im kommenden Jahr ihre schützende Hand über sie und sicherte ihnen Glück und Segen zu. Mit ihrer Besenrute weckte sie das Leben in den Wurzeln der Pflanzen auf den Feldern, fitzelte damit aber die Tiere und die Mädchen und Frauen, in denen sie mit einem leichten Schlag ihrer Rute die Fruchtbarkeit anregte. Kinder waren damals ein Segen für die Familie und die Dorfgemeinschaft. Man erzählte, sie habe in dem Sack, den sie mit sich führte, jene Kinder dabei, die im nächsten Jahr geboren werden sollten. Diese ungeborenen Kinder kämen aus ihrem Wunschteich und würden zum Jahresende an Mädchen und Frauen verteilt.

Gaben erhielten alle, die brav und fleißig waren, die im Einklang mit der Natur lebten und sie wertschätzten. Wer sich im vergangenen Jahr dagegen versündigt hatte, gegen so jemanden konnte sie recht streng sein und die Schläge mit der Rute fielen dann heftiger aus. Den gehorsamen und braven Kindern brachte sie Spielzeug,

Äpfel und anderes mit. In vielen Gegenden Deutschlands war es also Frau Holle, die zu Weihnachten in den Dörfern erschien und die Weihnachtsgaben verteilte.

Mütterchen Babuschka

In Russland ist es die alte Babuschka, die am 6. Januar mit Geschenken zu den Kindern kommt. Warum das so ist, das erzählt eine alte Legende.

In einer eisigen Winternacht saß die alte Babuschka in ihrer Hütte am Kaminfeuer und wärmte sich. Da klopfte es plötzlich und Babuschka ging zur Tür und öffnete. Davor standen drei Männer, reich gekleidet, und das Mütterchen lud sie ein, einzutreten. Sie wollte sie bewirten, doch die Männer erzählten, sie seien schon seit Wochen unterwegs zu einem Ort, der Bethlehem hieß. Dort soll ein Kind geboren worden sein, der König der Welt. Und deshalb dürften sie keine Zeit verlieren. Sie luden Babuschka ein, mit ihnen zu kommen. Doch die winkte ab. Ihre Beine seien für solch einen beschwerlichen Weg und dazu im Winter schon zu alt. Da zogen die drei Männer alleine weiter.

Kaum waren sie fort, ergriff das Mütterchen eine heftige Unruhe und die ganze Nacht machte sie kein Auge zu. Am Morgen packte sie in einen Korb ein Stück frisch gebackenes Schwarzbrot, ein paar Zuckersachen, Windeln und ein altes Spielzeug, denn sie wollte dem Kindlein, von dem die Männer ihr erzählt hatten, etwas mitbringen. Und dann machte sie sich auf den Weg, um die drei Männer einzuholen.

Aber Neuschnee war gefallen und hatte alle Spuren verwischt. Doch Babuschka gab nicht auf, ging von Dorf zu Dorf und fragte überall nach den Männern. Nach langer Zeit hatte sie sich endlich bis zum Stall von Bethlehem durchgefragt. Erschöpft trat sie ein, aber die Krippe war leer und die Eltern mit dem Kind verschwunden. Da wischte sich Babuschka eine Träne aus dem Auge und machte sich weiter auf die Suche nach dem Kind.

Wenn es Winter geworden ist in Russland, geht noch heute Babuschka durch die Straßen und Gassen und schaut in die Stuben hinein. Manchmal finden die Kinder am anderen Tag ein Stück Schwarzbrot, aber auch ein anderes Geschenk auf der Fensterbank. Und dann wissen sie, die gute alte Babuschka ist in der Dunkelheit an ihrem Haus vorbeigekommen und hat ihnen ein Geschenk gebracht.

Die Hexe Befana

In Italien beschert zu Weihnachten eine andere Frau die Kinder. Es ist „La Befana", die Dreikönigshexe, die am 6. Januar auf ihrem Besen von Haus zu Haus fliegt. Dass eine Hexe die Gaben bringt, beruht auf folgender Legende.

Wie schon bei Babuschka sind es die Weisen aus dem Morgenland, die auf ihrer Suche nach dem Jesuskind diesmal nach Italien kommen. Müde, ausgehungert und durstig wollen sie bei Befana einkehren. Sie erzählen ihr, dass sie einem Stern folgen, der sie zu einem neugeborenen Kind führen soll, dem König der Welt. Sie hoffen, eine kleine Erfrischung zu bekommen und ein Lager, um sich ein wenig auszuruhen. Befana, die den Verwandten eines angesehenen römischen Beamten erwartet, der ihr von Nutzen sein kann, weist die drei Fremden jedoch ab. Sie habe jetzt keine Zeit für sie. Aber auf dem Rückweg könnten sie ja bei ihr nochmals anklopfen. Da zogen die drei weiter und kehrten niemals wieder.

Befana bekam bald ein schlechtes Gewissen und erinnerte sich an den Stern, von dem die drei ihr erzählt hatten. Mit Verspätung machte sie sich auf die Suche nach den Männern und auch nach dem Christkind, aber der Stern war erloschen. Sie fand weder das Jesuskind noch die drei Männer. Da sie ihnen ihre Gastfreundschaft verweigert hatte, wurde sie in eine hässliche Hexe verwandelt, aber in keine böse, sondern eine gutmütige.

Und die fliegt seither in der Nacht vom 5. auf den 6. Januar auf der Suche nach dem Jesuskind und den drei Weisen mit einem Sack voll Süßigkeiten und Kohle auf einem Besen von Haus zu Haus. Die italienischen Kinder hängen am Vorabend des Dreikönigstags ihre Strümpfe an den Kamin oder stellen Schuhe hin, damit die Hexe sie mit Gaben füllen kann. In der Nacht rutscht dann Befana durch den Schornstein in die Häuser und steckt den guten Kindern Süßigkeiten und Geschenke in die Strümpfe, den bösen Kindern aber Kohle. Natürlich ist das keine echte Kohle, sondern „carbone dolce", also „süße Kohle", eine schwarz gefärbte Zuckermasse, die nur wie Kohle aussieht.

Ist das Christkind weiblich?

Natürlich ist das Christkind weiblich. Das ist doch klar, das sieht man doch schon daran, wie es aussieht. Gekleidet in ein weißes Gewand, dazu langes, goldenes und lockiges Haar. Und in Büchern und auf Postkarten wird es immer als weibliches Wesen dargestellt. Kinder schätzen die freundliche Gestalt des Christkindes und schätzen das mütterliche Wesen.

Nein sagen andere, das Christkind ist männlich. Mit dem Christkind ist das Jesuskind gemeint und das war ein Junge. Doch wie, so fragen Kritiker, kann das Jesuskind, das zu Weihnachten noch ein Baby war, den Kinder Geschenke bringen? Mit dem Christkind ist definitiv also nicht das Jesuskind gemeint. Im Grunde handelt es sich beim Christkind wohl um ein mythologisches Wesen, halb Jesuskind, halb Engel.

Doch wer erfand überhaupt das Christkind? Wie so oft war das wieder einmal Martin Luther.

Noch 1535 kam der heilige Nikolaus in Luthers Haus, um die Gaben zu verteilen. Doch mit seiner Abkehr vom Katholizismus und der Heiligenverehrung veränderte sich auch die Gestalt des Gabenbringers. Im Zuge der Reformation räumte Luther mit allen Heiligen auf. Etwa zehn Jahre später ließ er seine Kinder vom „Heiligen Christ" beschenken. Mit der Zeit verbreitete sich die Tradition des Christkindes besonders in den protestantischen Regionen. Der Gabenbringer übernahm zunehmend auch erzieherische Aufgaben – wie sie zuvor dem Nikolaus zukamen – und Merkmale des Verkündigungsengels und der heiligen Lucia.

Was ist das Christkind also nun? Weiblich oder männlich? Genau genommen, so behaupten wieder andere, ist das Christkind geschlechtslos, weil es noch niemand jemals wirklich zu Gesicht bekommen hat und es eigentlich im Verborgenen wirkt. Den Kindern ist es aber völlig egal, ob das Christkind nun weiblich oder männlich ist, ob Bub oder Mädel. Hauptsache, sie erleben ein schönes Weihnachtsfest mit einem schönen Christkind.

Das Nürnberger Christkind – immer ein Mädchen?

Vielleicht gibt das Nürnberger Christkind eine Antwort auf die Frage, was das Christkind nun eigentlich ist. Zum ersten Mal trat diese weltbekannte Gestalt 1933 auf dem Christkindlesmarkt in Erscheinung. Damals übernahm eine Schauspielerin die Rolle, die seit 1969 nur Mädchen anvertraut wird.

Alle zwei Jahre stellen sich dafür rund ein Dutzend Mädchen zur Wahl. Wer Lust hat, dieses wichtige Amt zu übernehmen, muss mindestens 16 bis 19 Jahre alt, 1,60 Meter groß sein und vor allem aus Nürnberg kommen oder zumindest seit längerem in dieser Stadt wohnen. Eine weitere Bedingung ist, dass die Anwärterinnen schwindelfrei sein müssen, denn während der Eröffnung des Marktes stehen sie auf dem Balkon der Frauenkirche und müssen den Prolog vortragen. Auch deshalb muss das Christkind weiblich sein, weil ein Mädchen leichter zu heben ist, wenn es während der Eröffnungsfeier seinen Rundflug startet. Männer wären schlichtweg zu schwer und außerdem sollte man Traditionen nicht brechen. Auch wetterfest und belastbar muss das Christkind sein, um während der Zeit des Einsatzes nicht zu erkranken. Natürlich sollte das zukünftige Christkind ein kommunikatives und herzliches Wesen besitzen und auch hübsch sein.

Blond-goldene Korkenzieherlocken, eine hoch aufragende Krone und ein langes Kleid aus goldenem Stoff mit goldenen Flügeln gehören zum allbekannten Erscheinungsbild. Dazu ein goldenes Geschichtenbuch mit Feen-Glitzer-Staub, den sie bei der Märchenstunde vor den Augen der staunenden Kinder wegpustet. Das Christkind erinnert an einen Rauschgoldengel und hat weibliche Merkmale der heiligen Maria, also der Mutter Jesu, und der heiligen Lucia.

Das Amt des Nürnberger Christkinds erfordert vollen Einsatz. Bis zu 150 Termine und mehr müssen in knapp vier Wochen absolviert werden. Kein Tag Pause, oft kalte Hände und Füße und alles ohne Bezahlung. Dafür braucht es vor allem Geduld, warme Unterwäsche und ein freundliches Lächeln für Abertausende von Fotos. Von morgens bis abends besucht das Christkind Altenheime, Krankenhäuser, Kindergärten, Obdachlose und Weihnachtsmärkte und wird mit einem eigenen weißen Kleinbus mit goldenen Sternen von ihrem persönlichen Fahrer, der zugleich Leibwächter und Kummerkasten ist, zu den Einsatzorten kutschiert. Auch auf dem Nürnberger Christkindlesmarkt ist es immer wieder unterwegs, um weihnachtliche Freude zu geben und für Fotos zu posieren. Trotz aller Anstrengungen ist die Rolle des Nürnberger Christkinds für junge Mädchen der Traumjob schlechthin.

Weihnachtliche Traumfrauen

Es gibt eine weihnachtliche Liebesgöttin, die für einen Brauch verantwortlich ist, der bis heute zu den beliebtesten Weihnachtsbräuchen überhaupt zählt. Bei diesem Brauch spielen Frauen und Mädchen eine tragende Rolle.

Etwas ganz Besonderes sind für Frauen und Mädchen an Weihnachten zwei alte TV-Klassiker, die an den besinnlichen Festtagen keinesfalls fehlen dürfen. Dazu gehören der Film „Drei Haselnüsse für Aschenbrödel“ und die „Sissi“-Trilogie. Diese Filme erinnern Frauen und Mädchen an ihre noch immer nicht befriedigte Sehnsucht nach Emanzipation, also nach umfassender Selbstbestimmung. Aber wie können ausgerechnet der Film „Drei Haselnüsse für Aschenbrödel“ und die „Sissi“-Trilogie dazu einen Beitrag leisten?

„Frigga“, die weihnachtliche Liebesgöttin

Der Sonnengott Balder hatte die nordische Göttin der Liebe, Frigga, zur Mutter. Einst träumte Balder, er müsse sterben. Seine Mutter machte sich große Sorgen, da nach Balders Tod alles Leben auf der Erde erlöschen würde. Das wollte sie verhindern und ließ sich nicht nur von den vier Elementen Luft, Feuer, Wasser und Erde, sondern auch von allen Tieren und Pflanzen versprechen, dass sie dem Sonnengott und damit der Sonne, die alles am Leben erhielt, keinesfalls ein Leid zufügen würden.

Doch Loki, der Gott des Bösen, entdeckte, dass Frigga eine Pflanze übersehen hatte: den Mistelzweig, der sich auf den Bäumen befand. Loki fertigte aus dem Zweig einen Pfeil und ließ mit diesem von Hoder, dem blinden Wintergott, Balder töten. Die Sonne erlosch und alle betrauerten den Tod des Sonnengottes. Besonders klagte Frigga um ihren Sohn. Dabei verwandelten sich ihre Tränen in die perlenartigen weißen Beeren des Mistelzweigs, die auf Balder tropften und ihn wieder zum Leben erweckten. Aus Freude darüber küsste Frigga einen jeden, der unter einem Baum vorbeiging, auf dem ein Mistelzweig wuchs. Die Mistel aber versprach ihr, nie wieder Schaden anzurichten. Im Gegenteil: Jeder, der seit dieser Zeit unter einem Mistelzweig steht, soll als Zeichen der Liebe einen Kuss erhalten.

Bis heute hängen in der Weihnachtszeit, dem Fest der Liebe, in vielen Häusern deshalb Mistelzweige im Türrahmen. Man sagt, dass es Paaren Glück bringt, sich unter diesen Zweigen zu küssen. Steht eine junge Frau darunter, darf sie es nicht ablehnen, geküsst zu werden. Bleibt sie jedoch ungeküsst, wird sie im nächsten Jahr nicht heiraten.

Die Mutter dieses weltweit verbreiteten weihnachtlichen Brauchs, sich unter einem Mistelzweig zu küssen, war also eine ganz besondere Frau, die nordische Liebensgöttin Frigga.

„Aschenbrödel", die Weihnachtsprinzessin

„Drei Haselnüsse für Aschenbrödel" ist der Kultfilm zur Weihnachtszeit. Es ist dies die Geschichte einer gedemütigten Stieftochter, die ihren Prinzen findet. Erzählt wurde dieses Kunstmärchen schon in den Jahren 1842 bis 1845 von der tschechischen Schriftstellerin Božena Němcová in Anlehnung an das Grimmsche Märchen „Aschenputtel". Aber erst 130 Jahre später wurde dann daraus der Kultfilm. Das arme Aschenputtel, das in diesem Film selbstbewusst und verwegen durch verschneite Winterlandschaften reitet, um ihr Schicksal selbst in die Hand zu nehmen, beeindruckt vor allem Frauen und Mädchen. Seit 45 Jahren gehört dieser TV-Klassiker zur Weihnachtszeit wie Lebkuchen und Lametta. Die Premiere dieses „Prager Frühlingsmärchens" fand 1973 in Prag statt, 1974 wurde der Film erstmals in Ost-Berlin ausgestrahlt und seit 1975 wird der tschechische Strumpfhosen-Film ab Anfang Dezember immer im Fernsehen gezeigt.

Eigentlich hätte das beliebte Märchen gar nicht im Winter gedreht werden sollen. Da aber die Arbeiter der DDR-Produktionsfirma DEFA in den Frühlings- und Sommermonaten schon ausgebucht waren, entschied man kurzerhand, die Handlung in den Winter zu verlegen. Und so kommt es, dass zu Beginn des Films eine zierliche junge Frau im altrosa Kapuzenumhang über eine verschneite Terrasse auf ein hell erleuchtetes Schloss zuläuft. An einem Fenster haucht sie in die Eisblumen der Scheibe ein Guckloch. Es sind Schnee und Eis, die dem Film-Märchen seine Reinheit geben und die weißen Landschaften machen es zum Weihnachtsmärchen schlechthin. Vor allem aber beeindruckt die Heldin des Films. Sie zeigt, dass sich selbstbewusste Mädchen nicht unterkriegen lassen. Die Filmheldin ist eine emanzipierte junge Frau, deren soziale und persönliche Karriere der Film genüsslich zu erzählen weiß.

Aschenbrödel lebt auf dem Hof ihres verstorbenen Vaters, wo sie von der Stiefmutter und der Stiefschwester herumkommandiert wird, was ihr aber höchst missfällt und was sie ändern will. Als der König des Landes zum Tanz lädt, hofft die böse Stiefschwester, den Prinzen für sich zu gewinnen. Aschenbrödel wird nicht zum Ball mitgenommen, doch mit Hilfe ihrer drei Zaubernüsse und ihres treuen Pferdes Nikolaus gelingt ihr die Teilnahme am Ball. Sie trägt einen Schleier, damit der Prinz sie nicht erkennt, der sich beim gemeinsamen Tanz rettungslos in sie verliebt und sie heiraten möchte. Doch das will sie nur, wenn er das folgende Rätsel löst: „Die Wangen sind mit Asche beschmutzt, aber der Schornsteinfeger ist es nicht. Ein Hütchen mit Federn, die Armbrust über der Schulter, aber ein Jäger ist es nicht. Zum Dritten: Ein silberdurchwirktes Kleid mit Schleppe zum Ball, aber eine Prinzessin ist es nicht, mein holder Herr..." Der Prinz erkennt nicht, dass sie des Rätsels Lösung ist. Zwar will er sie halten, doch sie läuft ihm davon, wobei sie ihren Schuh auf der Treppe verliert. Mit Hilfe des Schuhs macht sich der Prinz auf die mühsame Suche nach deren Besitzerin und fällt beinahe auf die böse Stiefschwester herein. Aber endlich findet er seine Traumfrau, mit der er – und das ist das Besondere – eine feministische Anti-Prinzessin an seiner Seite hat, die sich nichts gefallen lässt.

Während zur Entstehungszeit des Films in Westdeutschland Märchen als kitschige Schmonzetten verfilmt wurden, war das tschechische Aschenbrödel also so etwas wie eine feministischsozialistische Anti-Prinzessin, die sich nicht groß für Kleider, Schmuck und Prinzen interessiert. Verwegene Ritte auf ihrem Schimmel Nikolaus, burschikose Abenteuer und Armbrustschießen sind eher ihr Ding. Nicht der Prinz nimmt sich das Aschenbrödel, sondern das Aschenbrödel den Prinzen. Das führte dazu, dass der Film in einigen Ländern nicht gut ankam, da eine emanzipierte Frau damals nicht dem Zeitgeist entsprach. Aber gerade das ist der Grund, weshalb der Film auch 45 Jahre nach seiner Entstehung noch so frisch und modern wirkt und von Frauen und Mädchen so geliebt wird.

„Sissi", die Weihnachtkaiserin

Kurz vor Weihnachten 1955 gab es die Uraufführung einer Historienschnulze, die das Publikum in ganz Europa zu Millionen in die Kinos lockte: „Sissi" – damals noch mit Doppel-S geschrieben – hieß der Film, der die erst 17-jährige Romy Schneider in der Titelrolle zum Star und Idol machte. Den Einfall dazu hatte der Wiener Regisseur und Drehbuchautor Ernst Marischka, der auch das Drehbuch verfasste. Die Welturaufführung fand am 21. Dezember 1955 in Wien statt und kurz darauf hatte in Österreich jeder und vor allem jede Frau diesen Film gesehen. Das „Sissi"-Fieber griff rasch auf Deutschland über, wo der Kinostart am 23. Dezember 1955 in München in einem Kino am Stachus stattfand.

Auch in Nizza, Madrid, Amsterdam und Helsinki bildeten sich vor den Kinos lange Schlangen und alle Besucherrekorde wurden gebrochen. Seit Ende des Zweiten Weltkriegs waren erst zehn Jahre vergangen und trotz des „Wirtschaftswunders" war das Leben noch nicht einfach. Es verwundert nicht, dass die Menschen auf der Leinwand jene heile Welt suchten, die in zwei Weltkriegen zerbrochen war. Vom Erfolg des ersten „Sissi"-Films überwältigt, ließ Ernst Marischka noch zwei weitere „Sissi"-Filme folgen, die ebenfalls Publikumsmagnete wurden: „Sissi – die junge Kaiserin" und „Sissi – Schicksalsjahre einer Kaiserin".

Längst werden die drei Filme alle Jahre wieder an Weihnachten in alter Farbenpracht und mit den Stars von einst ausgestrahlt, häufig zur besten Sendezeit am 24., 25. und 26. Dezember. Manche fragen sich, warum die „Sissi"-Filme ausgerechnet an Weihnachten zu sehen sein müssen. Die Antwort ist ganz einfach: weil Sissi ein Weihnachtskind war. Geboren wurde sie nämlich am 24. Dezember 1837 in München. Obwohl die Filmtrilogie nun schon bald 70 Jahre auf dem Buckel hat, sind alle der Kaiserin der Herzen nach wie vor verfallen und lassen sich von ihr stets aufs Neue verzaubern. Die weiblichen Filmfans – Großmütter, Mütter und Töchter – schwärmen von der atemberaubend süßen Romy Schneider als Kaiserin Elisabeth (Sissi) und dem gut aussehenden Karlheinz Böhm in der Rolle des Kaisers Franz Josephs, aber auch von den traumhaft prächtigen Roben, und jede Frau wünscht sich, einmal eins der unglaublich herrlichen Kleider tragen zu dürfen.

Die junge Romy Schneider ist aber auch eine Augenweide. Herzbeben befällt alle, wenn sich die verspielte 15-jährige Herzogin Elisabeth in Bayern im ersten Teil der Trilogie Hals über Kopf in den regierenden Kaiser von Österreich verliebt. Eigentlich hätte der ja Sissis älterer Schwester Helene zur Frau nehmen sollen. Doch er, Herrscher über ein Vielvölkerreich, entschied sich für die junge bayerische Herzogin, der er 1854 unter dem Jubel seiner Untertanen in der Wiener Augustinerkirche vor 70 Bischöfen das Jawort gab. Während Sissis Eltern ihrer Tochter herzlich zugetan sind, kommt es zwischen Sissi und ihrer Schwiegermutter Sophie zu Konflikten. In den zwei weiteren Filmen wird das Leben Sissis am Hofe, ihr Einsatz für die unterdrückten Ungarn, die Geburt ihrer Lieblingstochter und eine schwere Krankheit thematisiert. Alle leiden mit, wenn ihr die Schwiegermutter Sophie das erste Kind wegnehmen möchte, und alle schmelzen bei jedem von Kaiser Franz gehauchten „Sissi“ nur so dahin.

Zwar zeigt die „Sissi“-Filmtrilogie nur unterschwellig, wie die oft unglückliche Kaiserin Elisabeth versucht, sich gegen die ihr zugemuteten Zwänge aufzulehnen und gegen den Druck von Protokoll und Etikette durchzusetzen, und wie sie sich erst mit den Jahren zu einer selbstbewussten und emanzipierten Frau entwickelt. Aber der Wunsch der Kaiserin gegen Unterdrückung aufzubegehren, wird doch in vielen Szenen nur allzu deutlich, bei denen die weiblichen Zuseherinnen oft seufzen: „Warum nur lässt du dir dies und jenes so widerspruchslos gefallen?“ Viele wissen mittlerweile auch, wie energisch sich Elisabeth gegen Unterdrückung jedweder Art zur Wehr setzen konnte und wodurch sie sich vielem verweigerte, was ihr zugemutet werden sollte. Schmerzlich empfunden wird die Tatsache, dass weder der realen „Sissi“ ein glückliches Ende beschieden war, die 1898 in Genf von einem Anarchisten ermordet wurde, noch Romy Schneider, die 1982 im Alter von erst 43 Jahren unter tragischen Umständen an gebrochenem Herzen starb. Für sie war der Kinohit über die unglückliche Kaiserin Fluch und Segen zugleich. Auch das bewegt die Frauen, die den „Sissi“-Dreiteiler mit seiner Mischung aus Heimatfilm und Melodram, aus Märchen und Biedermeieridylle deshalb alle Jahre an Weihnachten immer wieder sehen wollen.

Weihnachtliche Kuriositäten

An Advents- und Weihnachtstagen werden alljährlich so manche Kuriositäten bekannt, die in Verbindung mit Frauen stehen. So spielt der weibliche Geruchssinn, der von Geburt an bekanntlich besser entwickelt ist als der männliche, etwa auf Christkindlmärkten eine ebenso interessante Rolle wie die Tatsache, dass Frauen Kalorien in einem langsameren Rhythmus verbrennen als Männer. An Heiligabend bei der Bescherung können Männer erleben, dass das Herz einer Frau tatsächlich schneller schlägt als das ihre. Beim Verzehr des Festmahls und der vielen Süßigkeiten an den Festtagen lässt sich erkennen, dass Frauen den Geschmack von Speisen besser unterscheiden können als Männer und dass sie außerdem mehr Geschmacksrezeptoren für Süßes besitzen. Doch es gibt noch etliche andere die Frauen betreffende Kuriositäten im Weihnachtsmonat, die nicht verschwiegen werden sollen.

Die Schattenseiten der Weihnachtszeit

Weihnachten bietet zahlreiche Anlässe für Kritik, bei denen auch Frauen kein Blatt vor den Mund nehmen. Viele Frauen hassen und lieben Weihnachten gleichzeitig. Aber es gibt so einiges, was sie an Weihnachten und seinem Rummel abstößt.

Zum Beispiel, dass Weihnachten schon Ende August beginnt, wenn in den Supermärkten die ersten Lebkuchen angeboten werden. Furchtbar! Da stellen sich einem doch die Nackenhaare auf, auch wenn man dann selbst etwas davon, natürlich nur probeweise, konsumiert.

Ab Ende September werden die Tage merklich kürzer und die Bäume stehen kahl in der Gegend herum. Ausgerechnet in diese dunkelsten Wochen des Jahres, die Auslöser für Winterdepressionen sind oder die erste Grippewelle mit sich bringen, fällt die Advents- und Weihnachtszeit. In ihr sollte doch eine ganz besondere Stimmung herrschen, die wir eigentlich keinesfalls missen möchten, die aber oft im krassen Gegensatz zu unserem Wohlbefinden steht.

Ebenso können viele über die Kälte mit Eis und Schneematsch nicht gerade jubeln. Doch will man dem allen in wärmere Regionen entfliehen, muss man für Flüge das Doppelte zahlen, ganz zu schweigen davon, dass es bei den Unterkünften zu Engpässen kommt.

Ernüchternd ist bisweilen auch der Besuch der Weihnachtsmärkte mit all dem Kitsch, dem scheußlichen Frittengeruch und dem Gedränge der glühweingefüllten Besucher. Aber um den eigenen Besuch kommt man dann doch nicht herum.

Dann die drohende Invasion der lieben Verwandtschaft, die gerade für Frauen echten Stress bedeutet – nicht nur in der Vorbereitung und beim Bewirten, sondern auch wenn es gilt, in angespannten Situationen den weihnachtlichen Frieden zu retten.

Und überall wachsen geschmacklose Weihnachtsdekorationen aus dem Boden. Die nervigen Lichterorgien an den Nachbarhäusern und auf den Straßen mit enormer umweltbelastender Energieverschwendung heben die Feststimmung auch nicht besonders. Nur die Beleuchtung am eigenen Haus ist natürlich eine geschmackvolle Ausnahme. Ganz zu schweigen von der kitschigen Weihnachtswerbung, mit der die Welt überschwemmt wird, und dann auch noch die Weihnachtsliedfolter, der man durch Taubheit entgehen möchte, was aber nicht gelingt. Aber eine Vorweihnachtszeit ohne „Last Christmas" kann man sich dann doch nicht ganz vorstellen.

Ermüdend der Geschenkemarathon und die Dekorationszwänge und stressig die vielen Weihnachtsfeiern und Familientreffen. Sie sind ein Todfeind jeder Besinnlichkeit.

Und wozu überhaupt Weihnachtsbäume, die wegen ein paar Tagen ihr Leben lassen müssen und mit Krimskrams behängt werden, damit Kinderaugen leuchten? Doch der Bio-Christbaum im eigenen Heim ist damit natürlich keinesfalls zu vergleichen. Er ist ja auch kunstvoll geschmückt.

Die Weihnachtsfeiertage fallen mit Fünf-Gänge-Menüs, Bratensoße mit Klößen über einen her und ganztägig lauern einem überall Lebkuchen und Plätzchen auf. So sehr man sich auch bemüht, kann man den weihnachtlichen Extra-Kalorien kaum entfliehen.

„Gefühl im Bauch, Verstand im Keller, / so hockt man vor dem Plätzchenteller. / Die Lenden dick, rundum geschwollen, / das kommt von Muttis leck'rem Stollen. / Der Hals gebläht, der Darm wie Stein, / das kann die Weihnachtsgans nur sein. / Die Hose klemmt, es platzt das Kleid, / vorbei die schöne Weihnachtszeit. / Man weiß, dass es so nicht mehr geht. / Das Frühjahr naht. Schnell Nulldiät!"

Und nach dem Fest kommt die Schlankheitskur: Das heißt eine Hungerperiode durchzustehen, auf die doch rasch zwei Kilo Gewichtszunahme folgen.

Dann die Bescherung mit unerwünschten Gutscheinen, Parfüms und Bratpfannen, die einem Wertschätzung und Aufmerksamkeit signalisieren wollen, was ihnen aber nicht gelingt.

Sind die Feiertage vorbei, überfällt einen der Weihnachtskater. Überquellende Mülltonnen allüberall, Tannenleichen an jeder Straßenecke und dann rennen alle zum Umtauschen ihrer Liebesgaben in die Geschäfte. Auf dem Konto blinken rote Zahlen, nur die Konzerne können wieder einmal schwarze schreiben. Und so sehr man sich dem ganzen entziehen wollte, war man doch wieder mehr Teil des ganzen Wahnsinns, als einem lieb ist.

Was sich in unserer ach so emanzipierten Zeit immer noch nicht geändert zu haben scheint: der Großteil aller Vorbereitungen wird von Frauen erledigt, die sich bemühen, ihren Lieben ein herrliches Fest zu bereiten. Fröhliche Weihnachten, das heißt noch immer, harmonische Tage in einer Welt, die von Frauen zusammengehalten wird. Der Glaube, dass Frauen dazu da sind, den anderen und vor allem den Männern das Leben schöner zu machen, ohne dass das von irgendjemandem anerkannt wird, ist nach wie vor unausrottbar. An Weihnachten zeigt sich, dass überkommen geglaubte Rollenerwartungen immer noch fest zementiert sind. Wer würde es frau da verdenken, wenn sie am liebsten an Weihnachten streiken und das ganze Fest einfach ausfallen lassen würde?

Wäre Jesus ein Mädchen gewesen, was dann …

Immer wieder fragen sich Frauen, warum Jesus eigentlich nicht als Mädchen geboren wurde. Sicher fragte sich das auch Gott. Doch er entschied sich aus gutem Grund, dass Jesus als Junge zur Welt kam.

Zu Jesu Zeiten war die Gesellschaft patriarchalisch orientiert. Frauen waren den Männern untergeordnet, zuerst ihren Vätern, dann ihren Ehemännern. Die meisten jungen Jüdinnen wurden blutjung von ihren Vätern verheiratet. Auch der gesellschaftlich-wirtschaftliche Stand der Frau war äußerst bescheiden. Palästinensische Hebräerinnen gehörten zu den ärmsten der Welt und hatten kaum ein Recht auf Eigentum. Auch ein Erbrecht wurde ihnen nicht zugestanden und die Männer konnten sich aus den nichtigsten Gründen von ihnen scheiden lassen, so z. B. wenn ihre Frauen das Essen anbrennen ließen. Frauen durften sich hingegen von ihren Männern nicht trennen. Wurde eine Frau des Ehebruchs beschuldigt, machte man kurzen Prozess mit ihr und ließ sie von den Männern des Ortes steinigen.

Geschiedene Frauen und Witwen waren schutzlos. In der Familie hatten sich die Frauen um die Kinder und den Haushalt zu kümmern. Während ihrer Periode galten sie als unrein und durften keinen Mann berühren. Passierte das versehentlich doch, musste sich der Mann einem wochenlangen Reinigungsritual unterziehen, bevor er wieder in den Tempel gehen durfte. Wegen ihrer periodischen „Unreinheit" durften Frauen auch nicht in der jüdischen Lehre unterrichtet werden. Kurzum, Frauen hatten zur Zeit Jesu keine offizielle, religiöse oder führende Rolle im Judentum und waren somit machtlos und geradezu unsichtbar.

Wäre Jesus als Mädchen geboren worden – es hätte dann vielleicht Jesa geheißen –, dann wäre seine Karriere schon bei der Geburt zu Ende gewesen. Als erster hätte Josef auf ein Mädchen enttäuscht reagiert und ebenso Maria. Die Drei Weisen wären konsterniert gewesen und die Schriftgelehrten hätten Jesa keines Blickes gewürdigt. Josef hätte darauf bestanden, dass Jesa heiratet und ihr dazu einen Mann ausgesucht. Dann wäre sie als biedere Hausfrau und Mutter einer Kinderschar im Haushalt versumpft.

Wäre sie aber trotz aller Hindernisse eine Wanderpredigerin geworden, hätte ihr vermutlich kein Mensch – also kein Mann –

zugehört. Hätten sich ihr aber ein paar Frauen angeschlossen, was ebenfalls höchst fraglich ist, und hätte sie es gewagt, die Regeln der Männerherrschaft in Frage zu stellen, dann hätten sich die Herren der Schöpfung nicht nur aufgeregt, sondern kurzen Prozess mit ihr gemacht und sie als Hexe, die Irrlehren verkündet, kurzerhand gesteinigt. Höchst unwahrscheinlich also, dass Jesa alle Gender-Hürden überwunden und das Christentum begründet hätte. Und deshalb ließ Gott notgedrungen und wohlüberlegt einen Jungen zur Welt kommen, auch wenn ihm ein Mädchen vielleicht lieber gewesen wäre, aber das wäre zur damaligen Zeit halt nicht besonders sinnvoll gewesen.

Der Geist im Christbaum

Schon im Altertum galten Bäume als Sitz von Göttern und Göttinnen, weshalb man sie verehrte. Man schmückte sie und brachte ihnen Opfer. Auf altägyptischen Wandmalereien ist zu sehen, wie die Göttin Hathor die Verstorbenen aus einem Baum heraus mit der Speise und dem Trank der Unsterblichkeit erquickt. In Bäumen wurde also seit jeher die Anwesenheit vor allem von weiblichen, lebenspendenden Gottheiten angenommen. Die Darstellung der großen Göttinnen als Baum wies auf deren vegetative Kräfte hin. Auch im alten Rom waren Bäume weiblich, bewohnt von Natur- und Baumgeistern, den Nymphen und Dryaden.

In den Weisheitstexten des Alten Testaments ist der heilige Baum ein Symbol geordneten Lebens. Die Frau Weisheit erweist sich als Spenderin von Nahrung, Leben und Schutz und erinnert damit an eine Baumgöttin.

Beim Schmücken des Weihnachtsbaums sollte man sich also stets bewusst sein, dass ein weiblicher, mütterlich schützender Geist in dem Baum wohnt. Das Hereinholen einer Fichte aus dem Wald bedeutete einst das Hereinholen des Waldschutzgeistes in das eigene Heim, wo er verehrt wurde, indem man den Baum schmückte.

Aus diesem Grund sollte man dem Christbaum auch heute noch eine sorgfältige Pflege angedeihen lassen.

Wer den Christbaum nach dem Weihnachtsfest auf schäbige Weise aus dem Fenster wirft oder von der Müllabfuhr entsorgen lässt, beleidigt nach altem Volksglauben den weiblichen Baumgeist, was Unglück bringt. Wer einen Garten hat, kann die Äste des Baums als schützende Abdeckung für die Beete weiterverwenden. Eine andere Möglichkeit ist, den Tannenbaum als Tierfutter in Zoos abzugeben, wo sich Elefanten und andere Tiere über den Leckerbissen freuen. Dies steht im Einklang mit der Natur und stellt den weiblichen Baumgeist zufrieden, der sich nach den Feiertagen in den Wald zurückzieht und einen neuen Baum zu seinem Sitz wählt.

Frauen können Weihnachten besser riechen

Zur Weihnachtszeit explodieren fast täglich Duftbomben. „Hmm, das riecht köstlich nach Weihnachten", hört man immer wieder. Der Duft von Glühwein, von Orangen und Plätzchen, von Kerzen und Tannennadeln, von Zimt, Nelken und Safran oder von Weihrauch in der Kirche überschwemmt förmlich den menschlichen Geruchssinn. Vor allem auf Weihnachtsmärkten erfolgt eine totale olfaktorische Reizüberflutung. Da gibt es von allen Seiten Duftwolken von Bratwurst, Räucherkerzen und gebrannten Mandeln. Die Advents- und Weihnachtszeit ist ein Hochfest für den Geruchssinn und manche Gerüche gehen einem sogar zu Herzen.

Wie Studien belegen, haben Frauen einen feineren Geruchssinn als Männer. Auch wenn, anatomisch gesehen, der Riechkolben im Gehirn von Frauen etwas kleiner ist als beim Mann, so enthält er dafür erheblich mehr Zellen. 16,2 Millionen Zellen pro weiblicher Nase ermittelten die Forscher, aber nur 9,2 Millionen bei Männern. Und bei den Neuronen, den für die Verarbeitung der Geruchsinformation wichtigen Hirnzellen, war der Unterschied sogar noch deutlicher. Den 6,9 Millionen Neuronen bei den Frauen standen nur 3,5 Millionen Neuronen bei den Männern gegenüber. Mädchen werden mit diesem olfaktorischen Vorsprung bereits geboren.

Wie Beobachtungen und Experimente zeigen, reagieren Frauen deshalb auf Gerüche auch sensibler als Männer. Sie nehmen selbst schwache Düfte intensiver wahr. Und deshalb können Frauen Weihnachten nicht nur intensiver riechen, ihnen geht Weihnachten auch mehr zu Herzen, da ihre Emotionen durch Gerüche stärker angesprochen werden als die der Männer. Bei angenehmen Düften erfolgt nämlich auch eine Aktivierung in solchen Hirnarealen, die etwas mit Belohnung zu tun haben. Weihnachtliche Düfte erzeugen also ein Gefühl von Geborgenheit und des Friedens und das erleben Frauen mit ihren guten Nasen nun einmal intensiver als Männer.

Sind Weihnachtsengel wirklich männlich?

Aber das ist doch ganz klar, oder etwa nicht? Wenn in der Bibel von Engeln die Rede ist, dann sind damit nämlich stets Männer gemeint. Schon das griechische Wort für „Engel“ im Neuen Testament, „Angelos“, ist männlich, eine weibliche Form von „Angelos“ gibt es nicht, allenfalls in dem Mädchennamen „Angela“. Die Engel, die in der Bibel namentlich erwähnt sind, wie die Erzengel Michael, Gabriel und Raphael, weisen ganz klar darauf hin, dass es sich in menschlicher Vorstellung um männliche Wesen handelt. Der Erzengel Michael vertreibt bekanntlich Adam und Eva aus dem Paradies und der Erzengel Gabriel informiert Maria über ihre bevorstehende Schwangerschaft.

Während Michael stets der männliche Drachenbezwinger bleibt, macht Gabriel in künstlerischen Darstellungen aber dann doch etliche Wandlungen durch. Während er im 11. und 12. Jahrhundert ein männliches Aussehen zeigt, wirkt er im 13. und 14. Jahrhundert auf Bildern oft geschlechtsneutral. In der zweiten Hälfte des 15. Jahrhunderts wird er dann sogar weiblich dargestellt.

In der Gotik werden Engel oft als junge Männer in langen weißen Gewändern mit Heiligenschein gezeigt, während sie sich in der Frührenaissance zu lieblichen Mädchen wandeln. Im Barock und Rokoko sind die kleinen Putti hingegen wieder eindeutig männlich, in der Romantik dann aber plötzlich androgyne Wesen, die männliche und weibliche Merkmale aufweisen oder gar als geschlechtslose Gestalten auftreten.

Kurzum die Engelswelt ist zumindest in der bildlichen Darstellung recht verwirrend und untermauert keine bestimmte Vorstellung, was Engel nun wirklich sind – männlich, weiblich oder neutral. Antwort könnte nur jemand geben, der Engel nachweislich leibhaftig gesehen hat. Es reicht nicht, nur in der Bibel darüber etwas gelesen zu haben oder von angeblichen Hellsehern oder Jenseitsdeutern anfechtbare Informationen zu erhalten.

Wer weiß also schon, ob es nicht auch weibliche Engel in der anderen Welt gibt? In der diesseitigen Welt treten an Weihnachten bei Krippenspielen oder als Begleiter des Nikolaus jedenfalls so gut wie immer weibliche Engel auf. An diesen Engeln, wie auch an Schutzengeln schätzen alle Menschen, vor allem aber die Kinder, deren sanfte, liebevolle Seite, wobei es diesen Wesen auch nicht an Stärke und Energie mangelt.

Auf jeden Fall rufen weibliche Weihnachtsengel romantische Gefühle in uns wach und verbinden sich mit dem inneren Kind in uns. Und dann kommen uns mitunter Verse in den Sinn, die den Weihnachtsengeln ein Loblied singen:

Weihnachtsengel

Gold glänzend die Locken, purpurweiß sein Gewand,
übersät mit Sternen schwebt er durch das Land.
Himmelblau seine Augen, still lächelt der Mund,
silberglänzend die Flügel, sein Lied wunderbunt.

Er fliegt auf und nieder im gleißenden Licht,
filigran seine Stimme: „Kind, fürchte dich nicht!“
Sein Wort sinkt ins Herz, die Seele wird warm.
Er kommt zu mir her, nimmt mich in den Arm.

Jede Sorge entschwindet und Glück verdrängt Leid.
Wir tauchen gemeinsam in die Weihnachtszeit.

Zwei Frauen und zwei Weihnachtsinseln

Es gibt auf unserer Welt zwei Weihnachtsinseln, die aber nicht so heißen, weil auf ihnen ganzjährig Weihnachten gefeiert wird, sondern weil beide an Weihnachten entdeckt wurden. Die eine liegt im Indischen Ozean, die andere im Pazifik.

Einer der größten Entdecker der Weltgeschichte war der britische Seefahrer James Cook (1728-1779). Seine zahlreichen Reisen führten ihn vor allem in den Pazifischen Ozean. Ständig war er unterwegs. Berühmt wurde er vor allem durch seine drei Südseereisen. Die erste unternahm er im Alter von 40 Jahren von 1768 bis 1771, die zweite ein Jahr später von 1772 bis 1775 und die dritte von 1776 bis 1779.

Weniger bekannt ist, dass Cook seit 1762 auch verheiratet war und zwar mit Elisabeth Batts, mit der er sechs Kinder hatte. Aber statt sich um seine Frau und die Kinder zu kümmern, fuhr er ständig zur See. Seine Frau musste sich alleine um die Kinder sorgen, denen ein trauriges Schicksal beschieden war. Der neugeborene Sohn Joseph starb 1768, die vierjährige Tochter 1771 und der neugeborene George 1772 während der zweiten Pazifikreise des Vaters. Aber auch die übrigen wurde nicht alt. Sohn Nathaniel kam 1781 in einem Hurrikan ums Leben, Hugh starb 1793 als Student in Cambridge, und der älteste Sohn James ertrank 1794 im Alter von 31 Jahren. Mrs. Cook war sozusagen ständig allein, denn Papa Cook war ja ständig zur See. 1776 brach er mit dem Schiff „HMS Resolution" zu seiner dritten und letzten Expedition auf. Bei der Erkundung der nördlichen Durchfahrt zwischen dem Pazifik und dem Atlantik entdeckte er genau am 24. Dezember 1777 eine 375 Quadratkilometer große, unbewohnte Insel 189 km nördlich des Äquators. Er gab ihr den Namen „Christmas Island" – „Weihnachtsinsel" und verbrachte dort mit seiner Mannschaft die Festtage. Heute heißt sie „Kiritimati", hat etwa 5500 Einwohner und gehört zum pazifischen Inselstaat „Kiribati".

Später stieß Cook auf eine Inselgruppe, die er zu Ehren des Earl of Sandwich „Sandwich-Inseln" nannte, die heute unter dem Namen „Hawaii" bekannt sind. Dort wurde Cook im Februar 1779 von Eingeborenen getötet, weil seine Mannschaft gegen ein Stammesgesetz verstoßen hatte. Seine Frau, die treu ergeben zu Hause ausharrte, sah ihn nie mehr wieder. Hätte sie darauf bestanden, dass Cook seine Vaterpflichten erfüllte und ihm deshalb seine Seereisen verweigert, hätte Cook nie „Christmas Island", die Weihnachtsinsel entdeckt. Somit hat Mrs. Cook ohne Zweifel Anteil an deren Entdeckung, was nach Cooks Tod die Admiralität dadurch honorierte, dass ihr eine stattliche Pension von 200 Pfund jährlich zuerkannt wurde. Während Mr. Cook nur 51 Jahre alt wurde, starb Mrs. Cook erst 1835 im Alter von 94 Jahren.

134 Jahre vor Cooks Entdeckung, stieß ein holländischer Seefahrer per Zufall auch auf eine Weihnachtsinsel, diesmal im Indischen Ozean. William Mynors, Kapitän der Britischen Ostindien-Kompanie, war seit Monaten mit seinem Dreimaster „Royal Mary" unterwegs, um Gewürze zu kaufen, die in Europa hoch begehrt waren. Dabei sichtete er 350 Kilometer südlich von Java, mitten im Indischen Ozean, am 25. Dezember 1643 eine unbekannte, 135 Quadratkilometer große Tropeninsel. Und weil das am ersten Weihnachtsfeiertag geschah, gab auch er ihr den Namen „Weihnachtsinsel". Da diese Insel, kaum größer als Sylt, felsig und unbewohnt war, ging Mynors gar nicht an Land. Das tat erst 45 Jahre später der englische Seefahrer William Dampier im Jahre 1688.

Auch wenn man über das Leben William Mynors kaum etwas weiß – weder wann er geboren wurde, noch wann er gestorben ist – ist es doch naheliegend, dass auch er eine Frau an Land zurückließ. Diese Mrs. Mynors hat demzufolge auch Verdienste an der Entdeckung einer Weihnachtsinsel, die seit 1958 zu Australien gehört.

Besonders Frauen schätzen diese Tropeninsel auch als ideales Reiseziel, um der heimischen Winterkälte zu entfliehen. Wer sich schon Ende November für einen Aufenthalt dort entscheidet, erlebt das Eiland auch als Liebesinsel. Im November machen sich dort nämlich Horden von faustgroßen Landkrabben auf den Weg an die Küste, um sich fortzupflanzen. Wie ein roter Teppich breiten sie sich über die ganze Insel aus. Das Spektakel dauert drei Wochen. Die befruchteten Weibchen legen ihre Eier dann im Meer ab. Der Marsch der Krabben ist die größte Krabbenwanderung der Welt.

Die Rentiere von Santa Claus

Jeder kennt und liebt „Rudolph The Red-Nosed Reindeer", also „Rudolph, das rotnasige Rentier". Es ist zweifellos das berühmteste Rentier der Welt. Zusammen mit ihm ziehen den Schlitten des Santa Claus noch acht weitere Rentiere mit den schönen Namen Comet, Cupid, Donder, Dasher, Dancer, Prancer, Vixen und Blitzen.

Alle Rentiere sind natürlich wie Santa Claus auch männlichen Geschlechts, so jedenfalls der allgemeine Glaube. Doch das stimmt nicht, denn nur fünf sind männliche Tiere. Dazu gehören: Rudolph, das Leittier. Mit seiner roten Nase leuchtet er als erster am Schlitten den Weg, ist aber der kleinste von allen. Dasher, der Schneidige, ist als das schnellste Rentier an der rechten Seite vorne am Schlitten angespannt. Dahinter kommt Prancer, der Paradierende. Er ist das stärkste Rentier. Rechts hinter ihm steht Comet, was Stern oder Komet bedeutet, und dahinter kommt dann Donder, der Donnerlaute.

Doch vier der Rentiere sind weiblich, darunter Dancer, die Tänzerin. Sie ist das anmutigste Rentier und steht auf der linken Seite vorne am Schlitten. Hinter ihr kommt Vixen, die zänkische Drachin, die nicht nur hübsch, sondern auch so stark wie ihr Partner Prancer ist. Dahinter steht Cupid, die Göttliche, die Freude und Liebe bringt. Und als letztes Rentierweibchen ist hinter Cupid Blitzen angeschirrt, die wie der Blitz rennt.

Auf der rechten Seite sind also die Männchen angeschirrt, auf der linken die Weibchen und an der Spitze Rudolph.

Wer jetzt glaubt, dass fünf Rentiere von Santa Claus männlich und vier weiblich sind, der irrt schon wieder. Denn wer genau hinschaut, der sieht, dass alle Rentiere ein Geweih tragen und deshalb können alle nur Weibchen sein. Männliche Rentiere werfen nämlich ihr Geweih alljährlich um die Weihnachtszeit ab. Die

Weibchen, die als einzige Hirschart auch Geweih tragen, tun das hingegen erst im Frühjahr. Daraus folgt, dass alle Rentiere, die den Schlitten des Weihnachtsmanns ziehen weiblich sein müssen.

Schock beim Krippenspiel

In den achtziger Jahren des letzten Jahrhunderts ereignete sich in der kleinen Gemeinde Feichtlhausen Unerhörtes. Einen Tag vor dem Heiligen Abend sollte am Nachmittag der Weihnachtsmann zu den Kindern des Dorfes kommen, die ein Krippenspiel vorbereitet hatten. Das wollte sich niemand entgehen lassen und deshalb versammelten sich am Nachmittag des 23. Dezembers alle Bewohner im Pfarrsaal der Gemeinde. Als dann der Weihnachtsmann den voll besetzten Saal betrat, sangen alle zu seiner Begrüßung das Lied:

Lieber, guter Weihnachtsmann, / Komm zu uns herein!
Es freuen sich auf dich so sehr / die Kinder groß und klein.
Öffne deinen Gabensack / für jedes brave Kind
und jedem von uns gib daraus / was Schönes ganz geschwind.

Bevor der Weihnachtsmann seine Gaben an die Kinder verteilte, wollten diese ihm natürlich ihr kleines Krippenspiel vorführen. Das Besondere daran war, dass das Jesuskind in der Krippe ein wirkliches Baby war, das eine Mutter zur Verfügung gestellt hatte. Das Kind hieß Hubert, wurde in der Familie aber liebevoll Hubsi gerufen.

Das Krippenspiel begann und der kleine Hubsi lag in seligem Schlummer in der Krippe. Doch als die Hirten zur Anbetung an die Krippe eilten, ließ einer von ihnen versehentlich seinen Hirtenstab fallen, der zu Boden krachte. Eine derartige Störung schien Hubsi gar nicht zu schätzen und er fing an, sich in der Krippe unruhig hin und her zu bewegen. Dann fing er zu wimmern an, woraus blitzschnell ein Keckern und Krächzen wurde. Doch das reichte ihm nicht und schon brüllte der Kleine mit voller Lautstärke los. Das Gebrüll weinender Babys hat bekanntlich eine Lautstärke, die durch Mark und Bein geht. Ein solches Gebrüll hat angeblich eine Lautstärke, die der eines Düsenflugzeugs entspricht, nämlich bis zu 120 Dezibel. Ab 85 Dezibel empfiehlt es sich, am Arbeitsplatz einen Gehörschutz tragen, doch einen solchen hatte kein Feichtlhauser bei sich. Zwar versuchte das Mädchen, das die Jungfrau Maria spielte, den kleinen Schreihals sofort zu beruhigen, indem sie ihn hin und her wiegte und liebevoll an ihre Brust drückte. Doch das stachelte Hubsi an, nur noch lauter zu brüllen, sodass der ganze Saal förmlich zu beben begann. Rot vor Zorn, strampelte er mit Armen und Beinen und Maria konnte ihn kaum noch halten. Vom Krippenspiel war natürlich kein Wort mehr zu verstehen und die Unruhe im Pfarrsaal wuchs sekündlich mit dem ständig lauter werdenden Gebrüll Hubsis.

Da geschah etwas, das die Bewohner der kleinen Gemeinde Feichtlhausen bis auf den heutigen Tag nicht mehr vergaßen. Der Weihnachtsmann erhob sich und eilte mit großen Schritten zur Krippe. Dann schob er mit einem Schwung seinen wallenden weißen Weihnachtsmannbart zur Seite, knüpfte seinen roten Umhang auf und reichte dem Jesuskind die Brust, wodurch sich Hubsi augenblicklich beruhigte. Durch den ganzen Saal wogte ein erleichtertes Aufschnaufen und alle waren froh, dass der Weihnachtsmann eine Weihnachtsfrau war und dazu auch noch Hubsis Mama.

Sind Weihnachtsbraten männlich oder weiblich?

Eines der traditionellen Gerichte an den Weihnachtsfeiertagen ist ein Gänse- oder Entenbraten. Manche fragen sich nun allen Ernstes, ob nur weibliches Geflügel, also Gänse und Enten, auf den Teller kommen oder auch Ganter und Erpel. Was ist der Weihnachtsbraten also nun – männlich oder weiblich?

Die Bezeichnung Ente oder Gans gibt keinen Hinweis auf das Geschlecht der Tiere. Tatsächlich werden weibliche wie männliche Tiere verzehrt. Das gilt übrigens auch für die Hühner, die man in der Suppe oder als Brathähnchen genießt. Auch von diesen Geflügelarten landen weibliche wie männliche Tiere auf dem Tisch. Auch bei dem in den USA zu Thanksgiving beliebte „Turkey" handelt es sich nicht immer um einen Truthahn, es kann auch ein weibliches Tier sein. Allerdings sind die männlichen Tiere als Braten beliebter, weil sie bis zu 10 Kilogramm auf die Waage bringen können.

Entscheidend für einen gelungenen Entenbraten sind neben dem Können der Köchin oder des Kochs das Geschlecht, das Alter, die Rasse und die Aufzucht der Tiere.

Weibliche Exemplare sind in der Regel kleiner, saftiger und aromatischer. Männliche Vögel dafür größer und würziger. Junge Enten – zwischen neun Wochen und fünf Monaten – schmecken am besten. Das Alter lässt sich mit einem Druck auf das Brustbein bestimmen. Ist es noch weich und flexibel, ist das Tier jung, ist es hart und starr, so ist es alt.

Welche Entenbrust ist nun aber leckerer, die männliche oder die weibliche? Anscheinend ist es so, dass weibliche Entenbrüste kleiner, saftiger, zarter und feiner im Geschmack sind, dafür aber teurer, oft sogar doppelt so teuer wie die größeren männlichen Brüste, die etwas trockener, aber aromatischer sind.

Frau will Ehemann nach Weihnachten verkaufen

Nach dem Bericht der Deutschen Presseagentur fühlte sich eine Hamburgerin 2018 von ihrem Ehemann nach den Weihnachtsfeiertagen offensichtlich derart genervt, dass sie ihn direkt nach Weihnachten bei „Ebay Kleinanzeigen“ unter dem Stichwort „Ehemann, gebraucht“ kurzerhand für 18 Euro zum Kauf anbot. Mit der kuriosen Anzeige online wandte sie sich an mögliche Nachfolgerinnen: „Liebe Interessentin, über die ersten beiden Weihnachtstage habe ich gemerkt, dass wir einfach nicht mehr zusammenpassen: Ich würde meinen Ehemann gern abgeben“, lautete der Anzeigentext. Die Abholung sei sofort, aber auch noch am zweiten Weihnachtstag möglich, ein Umtausch jedoch ausgeschlossen. Der Preis hingegen sei verhandelbar.

Die Idee zu der nicht ganz ernst gemeinten Anzeige sei ihr, wie die 40-Jährige dem Hamburger Abendblatt mitteilte, im Wohnzimmer gekommen. Sie hätte „die Nase voll gehabt“, weil ihr Mann immer so pessimistisch sei. Konkrete Kaufangebote erhielt sie zwar keine, dafür aber reichlich positives Feedback. Kurze Zeit nach der Veröffentlichung zog die Frau ihre Anzeige wieder zurück: „Ich wollte kein Drama daraus machen, sondern nur für etwas Erheiterung sorgen.“

Wie ihr Ehemann reagierte, als er an Silvester über die Aktion seiner Frau informiert wurde, ist nicht bekannt.

Moderne Weihnachtsfrauen

Nicht nur in früherer Zeit, sondern zunehmend in der Gegenwart spielen Frauen in den Advents- und Weihnachtstagen auf die eine oder andere Weise eine besondere Rolle in der Öffentlichkeit. Waren es vor 200 Jahren etwa zwei Königinnen, die den Christbaum zumindest in Bayern heimisch machten, so traten in späterer Zeit immer wieder Frauen auf, die gerade zur Weihnachtszeit einen wichtigen Platz einnahmen und sich familiär, aber ebenso gesellschaftlich auf besondere Weise engagierten und sich damit als moderne Weihnachtsfrauen outeten.

Bayerns Christbaum-Königinnen

Der erste bayerische Christbaum stand nachweislich in der Münchner Residenz. Es war die Urgroßmutter des berühmten König Ludwigs II., die protestantische Königin Karoline. Sie war die zweite Ehefrau von König Max I., der die Bayern den Christbaumbrauch verdanken. Im Dezember 1809 ließ sie im Hof der Residenz erstmals einen Baum aufstellen und vom königlichen „Hofconfectmeister“ Carl August Bolagnio schmücken, der fortan „königlicher Christbaum-Aufsteller” war. Von der katholischen Kirche wurde dieser evangelische Brauch allerdings zunächst vehement als heidnisches Symbol abgelehnt. „Die meisten Münchner hatten in ihrem Leben keine Protestanten gesehen. Darum war die Furcht vor diesen gefährlichen Ketzern wohl begreiflich“, so schrieb Karolines Hofgeistlicher Ludwig Schmid. Doch König Max I. hatte die feste Absicht, mit einer „protestantischen Frau im katholischen Bayern die Toleranz einzuführen“, wie er ihrer Mutter versicherte. Karoline, bei der Hochzeit 23 Jahre jung, nahm den Christbaum als schöne Jugenderinnerung aus Baden mit nach Bayern. Angeblich schmückte sie ihre Zimmer in Schloss Nymphenburg insgeheim schon an Weihnachten 1799 mit Christbäumen. Mit der ersten Aufstellung eines Christbaums 1809 im Hof der Residenz demonstrierte sie dann öffentlich evangelische Frömmigkeit. Trotz ihres „ketzerischen“ Glaubens war Karoline wegen ihrer sozialen Einstellung im Volk bald sehr beliebt. „Geht dir die Not bis obenhin, gehst du zu der Karolin!“ So lautete ein populärer Spruch. Im Jahr der ersten Christbaum-Aufstellung 1809 wurde der Platz zwischen Briennerstraße und Königsplatz nach ihr „Karolinenplatz“ benannt, womit die „Christbaum-Königin“ ein bleibendes Denkmal erhielt.

Auch Therese, die 1810 Kronprinz Ludwig, den Sohn von König Max I., heiratete – bei dieser Hochzeit entstand übrigens auch das Münchner Oktoberfest –, pflegte den Christbaumbrauch weiter.

Sicher ist, dass 1830, also 15 Jahre vor der Geburt Ludwigs II., mit Königin Therese der Christbaum sich dann endgültig in München etablierte.

Weihnachten 1945 – Träume in Trümmern

Der 24. Dezember 1945 ist ein nasskalter, grauer Montag. Keine weiße Weihnacht. Aber endlich fallen keine Bomben mehr. Doch jetzt ein frohes Weihnachtsfest zu feiern, ist in Deutschland kaum einem vergönnt. Infolge Ausbombung und Flucht wurden in den Kriegswirren Hunderttausende Familien auseinandergerissen. Millionen Frauen und Mütter sind allein mit ihren Kindern, trauern um die gefallenen Männer und Väter oder hoffen in banger Sorge auf deren Heimkehr aus der Kriegsgefangenschaft. Wo an Heiligabend Familien zusammenfinden, bleiben an den Tischen viele Plätze leer.

Es ist eine Zeit, die von Ambivalenzen geprägt ist. Trauer um die Verstorbenen mischt sich mit Erleichterung oder Verbitterung. Und wo die Männer fehlen, müssen die Frauen alles richten und sich um Lebensmittel und Heizmaterial kümmern. Wer kein Heim mehr hat, weil es durch Ausbombung zerstört wurde, muss das Fest in Auffanglagern oder Notunterkünften verbringen, in denen sich abertausende Flüchtlinge drängen.

Vor allem in den Großstädten, die in Schutt und Asche liegen, ist die Hungersnot groß. Alle strömen aus den Metropolen in überfüllten Zügen zu „Hamsterfahrten“ aufs Land, um bei den Bauern ihr Hab und Gut gegen etwas Butter, Milch oder Kartoffeln einzutauschen. Wer ein Weihnachtsessen auf dem Tisch haben will, muss findig sein. Die zum Tausch angebotenen Waren reichen von Radioapparaten, Kameras, Armbanduhren und Büchern bis hin zu Möbeln und Kleidungsstücken. Wer nach Kriegsende nicht erfrieren will, muss Kohlen stehlen, denn die Versorgung mit Brennstoffen ist katastrophal.

Es ist ein Weihnachten ohne Christbaum – und für die meisten auch ohne Hoffnung. Die Sorge, wie es weitergeht, bestimmt den Alltag. Der Luftkrieg hinterließ Millionen Kubikmeter Trümmer und Schutt. Ergattert eine Frau einen Weihnachtsbaum, fehlt ihm meist der Schmuck, es sei denn es gelingt, Strohsterne zu basteln und Tannenzapfen zu bemalen. Man gießt kleine Kerzen aus Paraffin, Wachsresten und Rindertalg. Und aus Zeitungen schneidet man Papierschlangen, die als Lametta dienen. Geschenke gibt es nicht. Ein Tannenzweig schmückt das Bild des vermissten Vaters. Eine warme Stube, ein bescheidenes Weihnachtsmahl und geselliges Beisammensein ist Glück pur. Trost spendet in der Heiligen Nacht die Musik. Auch wenn alles verloren scheint, ihr Liedgut kann man den Überlebenden nicht nehmen. Viele strömen zur Messe in die Kirchen, sofern diese noch stehen, wo sie der Weihnachtsbotschaft lauschen, weil man ja selber sozusagen beinahe nur im Stall lebt und nicht weiß, was der nächste Tag bringt. Die Botschaft der Engel an die Hirten gibt einem wenigstens ein bisschen Hoffnung.

“Das deutsche Volk muss diese erste Weihnacht des Friedens sehr einsam begehen. Einsam und im Armenhaus der Welt“, urteilte der Journalist Peter von Zahn 1945 in einen Rundfunkkommentar. „Wir werden Zeit haben, uns nachdenklich zu betrachten, und wir werden dann vielleicht zu unserem Erstaunen feststellen, dass wir nicht am Ende unserer Möglichkeiten sind.“ Dass dies der Fall war, verdankte man den Frauen, die versuchten ihre Angehörigen in diesen schweren Zeiten durchzubringen. Sie ersetzten in der Familie und der Gesellschaft die gefallenen und die noch nicht heimgekehrten Männer, und das nicht nur an Weihnachten 1945.

Irdische Weihnachtsengel

„Lasst uns doch gemeinsam allein sein!“ Dieser Satz regte 2017 zwei Frauen an, ein Projekt zu starten, das an Weihnachten Menschen zusammenbringt, die sonst alleine wären. Heike und Sarah, so die Vornamen der beiden, widmen sich seither dieser Aufgabe, sie starteten eine Facebookgruppe mit dem Namen „Weihnachten (nicht)allein #Keine(r)bleibtallein“ – und begannen Menschen miteinander zu vernetzen, die Weihnachten mit anderen feiern wollen, um dem Alleinsein zu entgehen. Darunter sind Menschen, die einen Trauerfall hinter sich haben, die arbeitslos sind oder einen anderen Schicksalsschlag zu verarbeiten haben, der sie an Weihnachten natürlich besonders psychisch belasten würde.

Zunächst brachten die beiden Weihnachtsengel an Heiligabend etwa 30 Menschen im Raum Stuttgart zusammen. 2018 organisierten sie schon deutschlandweite Zusammentreffen und die öffentliche Aufmerksamkeit führte dazu, dass die Zahl der Interessenten von wenigen Hundert auf über 2.100 Menschen anwuchs. Heike und Sarah organisierten immer mehr Veranstaltungen mit möglichen Gastgeberinnen und Gastgebern, an denen mittlerweile Hunderte Menschen teilnehmen. Dabei wissen sie, dass der erste Schritt, sich einzugestehen, dass man sich alleine nicht gut fühlt, und dann etwas dagegen zu unternehmen, der schwerste ist. Doch die beiden treibt der Gedanke an, dass niemand nur mit sich sein muss – und manche vielleicht nur einen kleinen Schubser brauchen, den inneren Schweinehund zu überwinden.

Wichtig ist den beiden mit jedem einzelnen Interessenten zu sprechen, damit alles reibungslos abläuft. Dazu vermitteln sie zwischen den Gastgebern und den Gästen, da die Vorgeschichten und Erwartungen höchst unterschiedlich sind. Die Planung des Heiligabends – angefangen von den Aktivitäten tagsüber, über das Essen bis hin zu möglichen Schlafplätzen – sprechen die Gastgeberinnen, Gastgeber und Gäste unter sich ab. Wichtig ist, dass die Menschen sich nicht zu einem Großevent, etwa in einer Sporthalle treffen, sondern ein heimeliges, intimes Weihnachten zusammen feiern können. Alle an diesem Projekt beteiligten Personen zeigen beachtlich viel Einsatz und Kreativität. Menschen, die wegen der Entfernung oder aus anderen Gründen nicht an einer Veranstaltung teilnehmen können, können an Heiligabend durch Fotos und Berichte, die gepostet werden, doch ein wenig dabei sein.

Heike, die im Vollzeitberuf als Rechtsanwaltsfachangestellte arbeitet, und Sarah, die Heilerziehungspflegerin ist, möchten für ihre Arbeit keine finanzielle Entlohnung. Wenn sich die Leute melden und ihnen versichern, sie hätten einen schönen Abend erlebt, dann habe sich der ganze Aufwand für sie gelohnt. Denn dann ist die Welt zumindest für einen Menschen und einen Abend eine bessere geworden. Heike und Sarah macht es einfach glücklich zu sehen, was passiert, wenn die Leute erst einmal eine Brücke zueinander gefunden haben. Denn darum gehe es doch: Brücken zu bauen.

Weihnachtsköniginnen

In einigen Orten Kolumbiens wird zur Weihnachtszeit eine ganz besonders schöne Tradition gepflegt. Es wird eine Weihnachtskönigin gekürt. Dabei geht es vorrangig nicht darum, dass sich die Mädchen und Frauen, die sich zur Wahl stellen, besonders hübsch machen, viel wichtiger ist, dass sie sich überlegen, was sie tun wollen, wenn sie gewählt werden. Eine Weihnachtskönigin muss sich nämlich ein ganzes Jahr um arme Menschen kümmern und ganz besonders für benachteiligte Kinder da sein, die nichts zu essen haben oder zu arm sind, um die Schule zu besuchen. Gute

Chancen gewählt zu werden haben besonders jene Frauen und Mädchen, die sich schon vorher viel für andere Menschen eingesetzt haben. Bei der Wahl stellt jede Kandidatin ihr Programm vor und berichtet, wie sie den Ärmsten der Armen helfen will. Wer dann als Weihnachtskönigin gewählt wird, ist als Ansprechpartnerin für alle ein Jahr präsent, arbeitet eng mit Lehrern und Pfarrern zusammen und bespricht mit ihnen, wie sich die vielen Probleme am besten bewältigen lassen.

Eine ganz andere Weihnachtskönigin lebt in Pirmasens. Dort wurde Jasmin Jerkewitz von der Presse so bezeichnet, da sie eine leidenschaftliche Sammlerin von allem ist, was mit Weihnachten zu tun hat. Sie verwandelt ihr Heim gerne in eine funkelnde Weihnachtswelt mit Lichterketten, Girlanden aus Tannenzweigen und Schokoladenformen aus Silber. Selbst eine Puppenküche, in der das Christkind bei einer Familie zu Besuch ist, fehlt nicht. Außerdem sammelt die Pirmasenser Weihnachtskönigin auch alte Weihnachtspostkarten und Fotos, auf denen Menschen zu sehen sind, die vor dem Christbaum das Weihnachtsfest feiern. Sie liebt es einfach, wenn alles in ihrem Heim weihnachtlichen Zauber ausstrahlt.

Die Weihnachtsfee Dezembersonne

Diese liebenswürdige Fee wurde im Kopf der Brandenburgerin Petra Henkert geboren. In einem stimmungsvollen Märchen berichtet die Erfinderin, dass die Weihnachtsfee Dezembersonne an einem Nikolausabend im Märchenland geboren wurde und eine glückliche Kindheit im Kreis der Wichtel, Elfen und Feen verlebte. Besonders gerne half sie bei den Weihnachtsvorbereitungen mit. Der Weihnachtsmann hatte große Freude an ihr, da sie sich überall nützlich machte. Als die Fee Dezembersonne erwachsen war, kümmerte sie sich um den Computer, die Homepage und die Mails des Weihnachtsmannes. Und sogar als „Weihnachtsbüroleiterin, -beraterin und -botschafterin“ steht sie dem Weihnachtsmann hilfreich zur Seite, der „ganz beruhigt ist, weil er weiß, dass seine Weihnachtsfee Dezembersonne ihn würdig vertritt und den Glanz von Weihnachten in die Herzen der Menschen bringt.“ So endet das Märchen.

Auf der Homepage von Petra Henkert www.weihnachtsbuero.de erfährt man nicht nur alles über die „Weihnachtsfee Dezembersonne“, sondern auch über das regionale Netzwerk „Weihnachten e. V.“, das die rührige Brandenburgerin organisiert, um weltweit Kontakte der Weihnachts-Protagonisten miteinander in Verbindung zu bringen. In der Adventszeit tritt die „Weihnachtsfee Dezembersonne“ in Einrichtungen für Kinder und Soziales, aber auch in Einkaufszentren und auf Weihnachtsmärkten in Erscheinung. Petra Henkert vermittelt bundesweit Weihnachtsmänner, Engel, Nikoläuse oder Elfen und schlüpft immer wieder auch selbst in die Rolle der „Weihnachtsfee Dezembersonne“. Dabei geht es ihr vorrangig um die Bewahrung und Pflege der Traditionen rund um das Christfest. Mit Petra Henkert und ihrer Weihnachtsfee kann jeder per E-Mail Kontakt aufnehmen.

Die Königin der Weihnachtsbäume

Die Weihnachtsbaumkönigin wird seit 2011 alle zwei Jahre vom „Bundesverband der deutschen Weihnachtsbaum- und Schnittgrünerzeuger“ gewählt. Dort kann man sich auch bewerben. Eine Jury wählt dann die Repräsentantin des Weihnachtsbaumes. Oft werden Töchter von Weihnachtsbaumerzeugern in dieses Amt gewählt, da vorrangig Fachkompetenz und Vielseitigkeit wichtige

Auswahlkriterien sind. Aber auch eine sympathische Ausstrahlung sollte die Weihnachtsbaumkönigin haben, da auf sie etliche Pressetermine und öffentliche Auftritte zukommen. Mit der Übergabe des Zepters, dessen Spitze ein kleiner Christbaum krönt, und einer Schärpe wird die feierliche Krönung vollzogen.

Auch in manchen Bundesländern werden Weihnachtsbaumköniginnen gewählt, deren erster offizieller Termin häufig die Übergabe eines stattlichen bis zu zehn Meter hohen Weihnachtsbaumes, meist einer Nordmanntanne, an die jeweilige Staatskanzlei ist. Außerdem eröffnen sie die Saison für den Weihnachtsbaumverkauf oder auch Fachmessen, erklären Kunden, was alles hinter der Weihnachtsbaumproduktion steckt und sind damit ein Bindeglied zwischen der Christbaumbranche und dem Verbraucher. Bis Februar hat eine Weihnachtsbaumkönigin einen vollen Terminkalender. Meist sind es Auftritte in den deutschen Weihnachtsbaum-Hochburgen Bayern, Baden-Württemberg und im Sauerland. Im Namen der Weihnachtsbaumerzeuger unterstützt sie besonders gerne auch SOS-Kinderdörfer mit einer Spendenaktion.

Weihnachtsfrau ohne Kostüm – aber mit Herz

Dass Weihnachtsfrauen ganz ohne Kostüm auftreten können und dabei eine ganz besondere Rolle spielen, zeigen seit Jahren Frauen nicht nur in ganz Deutschland, sondern auch in anderen europäischen Ländern.

Eine davon ist seit Jahren eine Frau in Syke – ausgesprochen wird der Name wie Sieke –, einem kleinen Ort im Landkreis Diepholz in Niedersachsen. Diese „Weihnachtsfrau mit Herz“

erkannte, dass nicht alle Menschen Heiligabend als ein Fest trauter Zweisamkeit erleben. Es sind vor allem einsame, alte Menschen, aber auch Alleinerziehende mit ihren Kindern, jüngere Singles und Flüchtlingsfamilien. „Warum kann ich nicht einen Teil meines Glücks an andere abgeben?", so fragte sich die Syker Weihnachtsfrau. Zum Vorbild nahm sie sich eine Veranstaltung im Gemeindehaus der evangelischen Kirchengemeinde, wo ein derartiges gemeinsames Beisammensein an Heiligabend schon organisiert wurde. Sie wollte jedoch mehr Menschen erreichen und ihre Weihnachtsfeier deshalb an einem neutralen, also überkonfessionellen Ort stattfinden lassen.

Die Syker Weihnachtsfrau – Carola Gähler, so heißt sie – sah sich um und fand einen solchen Platz in Syke im sogenannten „TRIALOG-Gleis 1", einer sozialen Einrichtung. Dort konnte sie eine Weihnachtsstube einrichten, in der an Heiligabend einsame Menschen zusammenkommen können. Außerdem ist der Ort gut erreichbar, weil direkt vor der Tür Züge und Busse halten.

Natürlich ist eine solche Veranstaltung stets mit viel Arbeit und Unkosten verbunden, weshalb die Weihnachtsfrau nicht nur gerne mit den evangelischen und katholischen Kirchengemeinden Syke, Heiligenfelde und Barrien zusammenarbeitet, sondern sich über jede Spende freut, die für dieses Projekt eingeht. Der Syker Bürgermeister und alle Syker Ratsmitglieder stiften jährlich gerne die Aufwandsentschädigung, die sie für die letzte Sitzung im Jahr erhalten, und spenden die Summe für wohltätige Zwecke.

Bereits im September beginnen die Weihnachtsfrau und ihre zahlreichen Helferinnen und Helfer, die alle ihre Freizeit opfern, mit den Vorbereitungen. „Ohne diese wäre alles nicht möglich", betont Carola Gähler. Die „Weihnachtsstube im Gleis 1" ist eine Gemeinschaftsaktion. Pressemitteilungen und Spendenbriefe werden geschrieben. Bereitwillige Bürger backen Plätzchen oder beteiligen sich mit anderen Zuwendungen. Örtliche Lebensmittelgeschäfte und Bäckereien werden kontaktiert. Erkundigungen nach passenden kleinen Geschenken für Kinder werden eingeholt und die Gaben besorgt.

Am Heiligen Abend ist es dann soweit und die Gäste treffen um 15 Uhr in der „Syker Weihnachtsstube“ ein, in der ein Tannenbaum steht, geschmückt mit bunten Kugeln. Die Spitze reicht bis zu den Balken hoch. Mit einer halbstündigen besinnlichen Meditation wird die Feier eingeleitet. Dann gibt es Kaffee und Kuchen. Ab 16.30 Uhr werden gemeinsam weihnachtliche Lieder zur musikalischen Begleitung von Violine und Gitarre gesungen, zwischen 17 und 18 Uhr erscheint der Nikolaus in Begleitung einer Weihnachtsfrau und hat für jeden Gast eine kleine Weihnachtsüberraschung dabei und ab 18 Uhr wird gemeinsam Abendbrot gegessen. Es gibt Würstchen und Kartoffelsalat. Das Fest dauert bis gegen 21 Uhr. Waren es anfänglich 50 Gäste, so sind es längst an die 80 Bürger aus Syke und der Umgebung, die an der Feier teilnehmen.

Der Lohn für die „Weihnachtsfrau mit Herz“ und ihre ehrenamtlichen Helferinnen und Helfer ist erheblich. „Wir geben nicht nur viel ab, sondern bekommen ebenso viel wieder“, sagt sie, „einen dankbaren Händedruck etwa, die Fröhlichkeit, die aus den Kinderaugen strahlt und so manche Träne, die der eine oder andere Gast insgeheim verdrückt.“

Die drei weisen Frauen aus dem Morgenland

Jeder kennt sie – die „Heiligen Drei Könige“, die am 5. und 6. Januar in Erscheinung treten. Kaspar, Melchior und Balthasar, so hießen sie, folgten vor rund zweitausend Jahren auf der Suche nach dem neugeborenen Gotteskind einem hell leuchtenden Stern, bis sie das Kind in einem Stall fanden. Sie beteten es an und brachten ihm als Geschenke Gold, Weihrauch und Myrrhe. So steht es angeblich in der Bibel.

Doch darin ist weder die Rede von „heilig", noch von „drei", noch von „Königen" und auch nicht davon, dass sie Kaspar, Melchior und Balthasar hießen. Im Neuen Testament der Bibel berichtet Matthäus in seiner Botschaft (Mt 2,1-12) nämlich nur davon, dass „Sterndeuter oder Magier aus dem Osten" gekommen seien. Erst im 9. Jahrhundert wurde die Zahl Drei genannt und dazu die Namen Kaspar, Melchior und Balthasar.

Eigenartig, dass die Anfangsbuchstaben der angeblichen drei Könige „K+M+B" mit denen in den Ostalpen bekannten Frauen Katharina, Margarethe und Barbara übereinstimmen. Ist das womöglich nur ein Zufall? Diese „Heiligen Drei Madln", wie sie auch genannt werden, gehen auf drei alte keltische Muttergöttinnen zurück: die Erd-, Mond- und Sonnenmutter, die später als die drei Bethen bekannt wurden, als Wilbeth, Ambeth und Borbeth, drei Schicksalsgöttinnen. Zum Glück für die Menschen waren die drei gütige Frauen, an die man sich in allen Angelegenheiten wenden konnte. Später unter dem Einfluss des Christentums wurden daraus zunächst die Heilige Fides, die Heilige Spes und die Heilige Caritas, also Glaube, Hoffnung und Liebe, und im Mittelalter dann die „Heiligen Drei Madln". Wilbeth wurde zu Katharina, Ambeth zu Margarethe und Borbeth zu Barbara.

Doch nach der Umwandlung der drei Muttergöttinnen in die Drei Heiligen Madln erwachte in der männerorientierten Welt die Sehnsucht, daraus drei orientalische Männer zu kreieren und so erfand man die „Heiligen Drei Könige" und legte das Fest der drei auf den 6. Januar, an dem traditionell das große Perchtenfest (Bethen = Perchten) stattfand. Und an Stelle des einstigen Bethen-Umzugs oder Perchtenlaufs trat nun der bis heute übliche Dreikönigsumzug. Über die Türen schrieb man mit Kreide K+M+B für Kaspar, Melchior und Balthasar, doch manche Frauen denken dabei an Katharina, Margarethe und Barbara. Gut vorstellbar, dass die drei Weisen aus dem Morgenland doch keine Männer, sondern weise Frauen waren. Deshalb kann man, wenn die Geschichte von den drei Weisen aus dem Morgenland erzählt wird, Frauen oft schmunzeln sehen und bisweilen hört man die eine oder andere auch murmeln: „Also, typisch Männer!“ Eine dieser Frauen habe ich einmal gefragt, was sie damit sagen will. Da habe ich mir folgendes anhören müssen:

„Also, ich bitte Sie, das ist doch typisch Mann, dass diese drei Weisen allen Ernstes geglaubt haben, der Stern tät nur ihretwegen am Himmel stehen, damit sie ihm folgen können. Und dann noch angeblich drei weise Männer auf einmal? So was hat es damals doch ebenso wenig gegeben wie heute. Wahrscheinlich waren sich die drei zu schade, nach dem Weg zu fragen, und deshalb sind sie auch erst zwei Monate nach Jesu Geburt angekommen. Da ist die Heilige Familie natürlich längst nicht mehr im Stall gewesen, weshalb sie dann den König Herodes haben fragen müssen, der in der Folge dann den bethlehemitischen Kindermord befohlen hat.

Und dann die Geschenke! Was soll ein Neugeborenes bitteschön mit Gold, Weihrauch und Myrrhe anfangen? Vor allem mit Myrrhe, diesem stark riechenden Pflanzenöl, mit dem man damals Tote einbalsamiert hat? So was hat doch nur einem Mann einfallen können.

Überlegen Sie doch mal, was geschehen wäre, wenn statt der drei Weisen drei ganze normale Frauen zur Krippe gekommen wären. Die hätten keinen Stern gebraucht. Die hätten natürlich nach dem Weg gefragt und wären deshalb so frühzeitig zum Stall gekommen, dass sie wahrscheinlich sogar noch bei der Geburt hätten mithelfen können. Natürlich hätten sie auch nur praktische Geschenke mitgebracht, so beispielsweise ein Milchfläschchen, Windeln und ein erstes Spielzeug und eventuell noch einen Blumenstrauß, über den sich Maria natürlich viel mehr gefreut hätte, als über Weihrauch und Myrrhe.

Dann hätten die drei Frauen aus hygienischen Gründen erst einmal Ochs und Esel aus dem Stall verbannt, alles sauber geputzt und dann einen Eintopf gekocht, wozu der Josef ja nicht fähig war, der sich die ganze Zeit nur tatenlos hinter der Krippe aufhielt und sich die Füße in Bauch gestanden hat.

Später wären alle drei Frauen mit Maria natürlich in Kontakt blieben, hätten sich mit ihr regelmäßig getroffen und ihr Tipps für die richtige Erziehung des Jesuskindes gegeben, der mit ihrer Hilfe dann auch einen anständigen Beruf ergriffen und sein Leben verbracht hätte, ohne auffällig zu werden, so dass er in hohem Alter dann ganz normal gestorben wäre. Tja, aber leider sind ja die drei angeblich weisen Männer gekommen und keine weisen Frauen, und man hat ja gesehen, wohin das dann geführt hat."

Frauen-Hochfest zur „Zwölften Nacht"

In England fanden zu Zeiten Shakespeares am Hofe von King James zur Zwölften Nacht nach Heilig Abend, also vom 5. auf den 6. Januar aufwendige Maskenspiele mit mythisch-allegorischen Umzügen statt. „The Twelfth Night", die Nacht auf Dreikönig, galt als Höhepunkt der Weihnachtszeit. Vor allem agierte dabei der weibliche Hofstaat, wobei die Zwölferzahl in zwölf Göttinnen, zwölf Königinnen und zwölf Damen vom Hofe zum Ausdruck kam. Nicht die Heiligen Drei Könige waren also die Hauptfiguren in diesem Spiel, sondern hochstehende Damen.

Besonders berühmt wurde um 1590 Edmund Spensers Versepos „The Faerie Queene " – „Die Feenkönigin", eine Huldigung an Queen Elisabeth, deren Gunst Spenser mit diesem Werk erreichen wollte. In dieser ritterlichen Romanze, einem der längsten Versepen der westlichen Welt aus dieser Zeit, werden die Abenteuer von Rittern und deren Damen erzählt und die Versuchungen geschildert, mit denen sie zu kämpfen haben. In jeweils zwölf Legenden treten neben den zwölf Tugenden auch deren Feinde auf.

Denn in keiner Nacht ist das Gute derart von bösen Geistern bedroht, wie in der Nacht vom 5. auf den 6. Januar, mit der das Weihnachtsfest zum Abschluss kommt. Und deshalb ist diese Nacht auch eine Nacht der Frauen, in der Frau Percht und in manchen Gegenden Frau Holle noch einmal auftreten. Es heißt, dass sie in dieser Nacht auf wilder Jagd durch die Lüfte sausen und noch einmal über die Faulen und die Fleißigen, die Bösen und die Guten Gericht halten. Diese letzte Raunacht gilt als besonders gefährlich und man sollte tunlichst zuhause bleiben. Böse Geister versuchen nämlich zu verhindern, dass an „Epiphanias", dem Fest der „Erscheinung des Herrn", nun aller Welt sichtbar wird, was in den letzten zwölf Tagen und dreizehn Nächten noch im Verborgenen gedieh.

Wer um Mitternacht alle Fenster und Türen öffnet, kann den segensreichen Dreikönigswind durchs Haus wehen und alles Üble hinwegblasen lassen, damit nur das Glück bleibt. Um Mitternacht öffnet sich der Himmel und die Heilige Dreifaltigkeit erscheint. Wer jetzt nach oben blickt, dem gehen drei Wünsche in Erfüllung. Das zunehmende Licht besiegt nun Tag für Tag die Dunkelheit des Winters. Mit dieser letzten Nacht schließen sich aber auch die Pforten zu jenem Reich, das uns vom Heiligen Abend an den Kontakt zu den geheimnisvollen Wesen aus der anderen Welt ermöglichte, wozu auch viele geheimnisvolle Frauengestalten gehörten.

Frauen-Weihnacht überall

Nachwort

Nahe bei München wird wenige Tage vor Weihnachten zur „Frauenweihnacht in Haar“ geladen, die jedes Jahr immer sofort ausverkauft ist. Bedauerlich ist, dass Männer bei dieser Weihnachtsfeier im Familienzentrum in Haar keinen Zutritt haben – bedauerlich für die Männer! Die Frauen wollen bei dieser Feier ganz unter sich sein. Sie entwickeln spontan skurrile Weihnachtswünsche, wie etwa den Wunsch nach einer „Weihnachtsmücke“, die statt Blut Fett absaugt. Bei diesem Fest gibt es auch immer etwas zu lachen. Wenn ein in sexy Abendkleidern auftretender Chor „Santa Baby“ säuselt, kann einem die Männerwelt schon leidtun, dass sie draußen bleiben muss. Aber nur so können die Frauen ungeniert auch über so manche frustrierende Weihnachtsgeschenke ihrer Männer lästern, beispielsweise über ein Dampfbügeleisen unterm Christbaum oder ein Blutdruckmessgerät oder eine Nähmaschine. Dazwischen entspannen sich die Frauen bei Gedichten und Musik – mal besinnlich, aber oft auch heiter. Krönender Abschluss der Haarer Frauenweihnacht ist häufig ein kleines Theaterstück. Und als Rausschmeißer trällern sie dann gemeinsam das Lied „Schneeflöckchen“, allerdings auf Japanisch.

Aber auch in Jena feiern sich die Frauen Anfang Dezember selber. Sie werden vom Frauenzentrum TOWANDA zur „Interkulturellen Frauenweihnacht Jena“ ins Historische Rathaus der Stadt geladen, wo sie ein buntes Programm genießen, mit Liedern,

Gedichten und Tanz und einem internationalen Buffet, zu dem jede Frau etwas mitbringen kann.

Am 6. Januar, dem Dreikönigsfest, endet die Weihnachtszeit traditionell. An diesem Tag müssen alle Weihnachtsspuren beseitigt und die Dekorationen entfernt sein, da man sonst, wie es heißt, das ganze Jahr nur Pech hat. In vielen Teilen Irlands gibt es am 6. Januar eine besondere Tradition. Auch dort feiern die Frauen – besonders in Cork und Kerry – an „Little Christmas" oder „Nollaig na mBan", der sogenannten „Frauenweihnacht", sich selbst, und das mit gutem Recht, denn schließlich hatten sie an Weihnachten auch die meiste Arbeit. Die Männer übernehmen an diesem Tag alle Haushaltspflichten und die Frauen gehen mit Freundinnen, Schwestern, Müttern, Omas und Tanten zusammen feiern oder amüsieren sich auf Partys. Sie erhalten damit die wohlverdiente Pause nach den stressigen Feiertagen. Bisweilen bereiten die Männer für ihre besseren Hälften auch ein leckeres Essen vor. Und diesen Einsatz wollen die Frauen dann natürlich auch belohnen.

War es bislang oft nicht leicht, einem Mann in der Weihnachtszeit eine süße Überraschung zu bereiten, so wurde mittlerweile Abhilfe geschaffen. Nun braucht sie ihm nicht mehr kindische Teddys, Engelchen oder Rentiere aus Schokolade zu schenken oder ein Schoko-Werkzeug und Schoko-Motorrad ohne festlichen Glanz. Jetzt kann sie ihn endlich mit einer wohlproportionierten Schoko-Weihnachtsfrau beglücken. Die Schokoladenfabriken haben diese Marktlücke inzwischen längst mit dem Werbeslogan entdeckt: „Wenn wir schon eine Kanzlerin haben, warum dann nicht endlich auch eine Weihnachtsfrau! Einfach zum Hineinbeißen!"

Impressum

Unveränderter Nachdruck der 1. Auflage 2020

Herzog-Wilhelm-Str. 5, 80331 München

www.michaelsbund.de

Illustrationen: stock.adobe.com
Einbandgestaltung, Layout und Satz:
Veronika Jakob, Sankt Michaelsbund
Druck: Libri Plureos GmbH, Friedensallee 273, 22763 Hamburg
Printed in Germany
ISBN: 978-3-96411-005-3

Kontaktadresse nach EU-Produktsicherheitsverordnung:
produktsicherheit@michaelsbund.de

Märchen
der Kaiserin Elisabeth
Gesammelt von Alfons Schweiggert